Zeig mir, wo der Himmel ist

MATERIALIEN ZUR GEMEINDEARBEIT

- ☐ Kleinkinder
- ☐ Kinder
- ☐ Jugendliche
- ■ Familien
- ☐ Senioren

Bibliographische Information Der Deutschen Bibliothek

Die Deutsche Bibliothek verzeichnet diese Publikation in der Deutschen Nationalbibliografie; detaillierte bibliografische Daten sind im Internet über http://dnb.ddb.de abrufbar.

1. Auflage
Umschlag, Typografie und Herstellung:
Dieter Kani, Stuttgart
Titelmotiv und Illustrationen: Dorothea Layer-Stahl
Druck und Bindearbeiten:
Buch- und Offsetdruckerei Paul Schürrle, Stuttgart

ISBN 3-7797-0438-2 (Verlag Junge Gemeinde)
ISBN 3-460-25007-0 (Verlag Kath. Bibelwerk)

Alma Grüßhaber (Hrsg.)

Zeig mir, wo der Himmel ist

Familiengottesdienste im Kirchenjahr

Verlag Junge Gemeinde

Verlag Katholisches Bibelwerk

Inhalt

■ Zum Thema

Die Gottesdienstentwürfe

Verzeichnis der Lieder

(Genannt sind hier nur die Lieder, die in diesem Buch abgedruckt sind, nicht aber jene, auf die nur verwiesen wird.)

Abkürzungen:

EG	Evangelisches Gesangbuch
GL	Gotteslob, Katholisches Gesangbuch
KG	Das Kindergesangbuch, Claudius Verlag, München
LJ	Liederbuch für die Jugend, Gütersloher Verlagshaus, Gütersloh
SL	Schwerter Liederbuch »Singt dem Herrn«, Verlag BDKJ, Paderborn

Mit Familien Gottesdienst feiern

Alma Grüsshaber

»Die Kirche lädt uns ein«

Das Samstagabendessen bei Familie Müller ist eingenommen. Unruhig rutschen die 6-jährige Vreni und ihr 9-jähriger Bruder Sven auf ihren Stühlen. »Papa, was machen wir morgen? Du hast gesagt, dass du ganz frei hast. Und Oma ist auch da. Da machen wir doch immer etwas ganz Besonderes, oder nicht?«, fragt Vreni.
»Morgen haben wir eine Einladung«, sagt der Vater schmunzelnd. »Davon hast du mir noch gar nichts erzählt«, wundert sich die Mutter. Sven schreit ganz begeistert: »Au ja, wir fahren weit weg.« Der Vater holt die Zeitung. Er schlägt sie mittendrin auf und liest laut: »Sie sind eingeladen, Sie und Ihre ganze Familie. Ort: Friedenskirche. Zeit: 10 Uhr. Anlass: Familiengottesdienst ...«
Wird Familie Müller die Einladung annehmen? Werden auch die anderen kommen, die zum Familiengottesdienst eingeladen werden? Das Modell »Gottesdienst mit Familien« ist aktueller denn je. Die gemeinsame Zeit, die eine Familie miteinander verbringt, ist kostbar geworden. Wo können alle Altersgruppen gemeinsam teilnehmen? Wo können alle gemeinsam feiern? Wo erleben Eltern und Kinder eine Gemeinschaft, bei der niemand sagt: »Du störst?« Wir meinen, dass diese »Pluspunkte« dem Familiengottesdienst gehören: Angebote für Eltern und Kinder, in der sie Gemeinschaft erfahren, Gott in ihrer Mitte feiern und angenommen sind.

Welche Altersstufe ist im Blickpunkt?

Bei Familiengottesdiensten gibt es keine Predigt für die »Großen« und keine separaten Angebote für die »Kleinen«. Vielmehr sind alle Altersstufen im Mittelpunkt. Wir gehen jedoch in den vorgestellten Entwürfen von Kindern aus, die im Schulalter sind. Sie können schon ein Liedblatt lesen und sich alleine bei den Aktionen beteiligen. Aber auch kleinere Kinder sind selbstverständlich willkommen, denn eine Familie hat in der Regel mehrere Altersstufen. Dies sollte in den einzelnen Impulsen stets bedacht werden. Anschauliches Reden, einfache Texte, singbare Lieder oder kleine Refrains, die sich wiederholen. Ebenso sollten jüngere Geschwister bei den Aktionen mitmachen können.

Was die Gemeinde zu bringen hat

Es ist nicht nur der Raum, den eine Kirchengemeinde zur Verfügung stellt. Es ist auch der Impuls: »Wir wollen Familien stützen und stärken in ihrem Auftrag, von Gott zu erzählen.«
Was gehört dazu? Die Familiengottesdienste werden mehr Flexibilität benötigen als der traditionelle Sonntagsgottesdienst. Das fängt schon mit der Planung an. Wie oft bietet eine Gemeinde Familiengottesdienste an? Zu welcher Uhrzeit finden sie statt? Welche »Gemeinschaftsangebote« könnten sich anschließen (gemeinsames Essen, Büchervorstellung, Gemeinderallye, Bazar)?

Junge Familien suchen Antworten

Die Einführung in eine christlich geprägte Gesellschaft geschah früher im Elternhaus. Eltern und Großeltern gaben ihr Wissen und ihren Glauben weiter. Die religiöse Sozialisation, alles, was Rituale, Sitten und Bräuche umfasst, wurden früher im täglichen Leben mit vermittelt. Dies fällt inzwischen oft weg. Die Großfamilie gibt es nur noch selten. Man lebt und wohnt an getrennten Orten. Wo Eltern selbst wenig Bezug zur Kirche und zum Glauben haben, müssen Institutionen die Vermittlung übernehmen. Der Kindergarten, der Kindergottesdienst und der Religionsunterricht oder die Jugendgruppen sind Orte, an denen vom Glauben erzählt wird.
Junge Eltern aber sind alle Tage herausgefordert. Hartnäckig fragen die Kinder – nach dem Leben, nach dem Himmel und nach Gott. Eltern müssen Antwort geben. Sie suchen selbst ihre eigene Identität im Glauben und haben ihre Fragen an die Kirche. Diese Chancen sollten genutzt werden.
Was gibt die Kirchengemeinde an Unterstützung und Anregung zur religiösen Erziehung? Wo werden junge Eltern zum Reden von Gott ermutigt? Wo erfahren sie, welche biblischen Geschichten wann erzählt werden? Wo werden Familien ermutigt, das Gebet nicht abzuschaffen, weil die Kinder »größer« werden? Der Familiengottesdienst könnte dazu wichtige Impulse geben. Ich stelle mir vor, dass Familiengottesdienste ein solcher Ort für Gotteserfahrung sind:

1. Eltern und Kinder betreten einen »dritten Ort« – den Raum Kirche;
2. Eltern und Kinder erfahren das »Heilige«, erleben Gott – im Hören, Singen, Beten, Feiern;
3. Eltern und Kinder erleben Gemeinschaft, die größer ist als drei oder vier Menschen;
4. die Eltern helfen den Kindern, in die Gemeinde hineinzuwachsen und nehmen damit das Versprechen zur christlichen Erziehung wahr, das sie bei der Taufe gegeben haben.

Was den Gottesdienst belebt

Die Kirchengemeinde muss bereit sein, Eltern und Kinder aufzunehmen. Entsprechende Räumlichkeiten oder der Mut, den Gottesdienstraum zu verändern, gehören dazu. Auch die Vorbereitung braucht kreative Ideen. Jugendgruppen, Konfirmanden, Firmlinge, Mitarbeiterteams beleben das gemeinsame Feiern. Auf Vielfalt in Gestaltung und Methoden ist zu achten.
Fragen zur inhaltlichen Gestaltung sollten beim Vorbereiten bedacht werden:

— Wer kommt dazu? (In der evangelischen Kirche ist der Familiengottesdienst in der Regel der einzige Gottesdienst am Sonntag für die ganze Gemeinde.)
— Haben auch Nichtkirchgänger eine Chance dazuzugehören?
— Wie geht das, Gottesdienst zu feiern mit Jung und Alt, mit Schulkindern und Jugendlichen?
— Was ist »anders« an dieser Gottesdienstform?

Familiengottesdienste zeigen Farbe und müssen Experimente ermöglichen. Die Vielfalt in den Formen des Feierns ist es, die diesen Gottesdienst bereichert. Die sorgfältige Suche nach einem Leitfaden gehört dazu:

▷ Welcher biblische Text steht im Mittelpunkt?
▷ Was sagt die biblische Botschaft heute?
▷ Welche Lesungen verdeutlichen dies?

▷ Wie wird von Gott und von Jesus geredet?
▷ Wie wird von Gottes Geist erzählt, der verändert und neu macht?
▷ Welche Bedeutung hat die Gemeinschaft?
▷ Wie ist die Liturgie gestaltet?

Auf die liturgische Ausgestaltung ist ein besonderes Augenmerk zu richten. Wenn nur ein »Highlight« an Aktionen praktiziert wird, dann geschieht keine tief greifende Erfahrung. Liturgie will gestaltet und gefeiert werden. Gemeinsame Gebete haben hier ihren Raum, so etwa das Psalmgebet im evangelischen Gottesdienst, das im Wechsel zwischen Kindern und Erwachsenen gesprochen werden kann. Oder die Kyrierufe, die im katholischen Gottesdienst ihren Ort haben. Der Familiengottesdienst könnte die Liturgieelemente besonders aufgreifen und festlich ausgestalten.

Die Vielfalt in den Methoden

Einfach von Gott reden, verständlich sprechen, das ist eine Aufgabe des Familiengottesdienstes. Die Erzählungen, Lesungen, Lieder und Gebete sollen für Kinder zwischen 7 und 12 Jahren verstehbar sein. Zur Sprache gesellen sich Bilder, Aktionen, Tanz und Bewegung und Musik. Sehen und Hören, Fühlen und Begreifen – und natürlich Mitgestalten – das sind die Grundimpulse. Sie müssen gut durchführbar sein. Übergänge sind zu planen, theologische Inhalte sind abzustimmen.

Nach welchem »Fahrplan« werden die biblischen Inhalte zusammengestellt? Das Kirchenjahr mit seinen Festen bietet einen Rahmen und die biblischen Themen und Texte des jeweiligen Sonntags können aufgegriffen werden. Eine andere Möglichkeit ist der Plan für den Kindergottesdienst, den es in der evangelischen Kirche gibt. Oder die Kirchengemeinde beschließt eine Themenreihe für diese Gottesdienste, etwa so:

»Die vier wichtigsten Geschichten der Bibel« oder
»Was wir von Jesus wissen sollten« oder
»Geschichten von Gottes Mitarbeitern«.

Für die Gestaltung und Durchführung ist zu überlegen, ob eine Pfarrerin/ein Pfarrer den Gottesdienst alleine bestreitet, oder ob eine Gruppe mitgestaltet. Wenn eine Gruppe mitgestaltet, müssen 2–3 Vorbereitungen eingeplant werden. Genaue Absprachen, gemeinsames Einstimmen und eine Nacharbeit sollten vorgesehen werden.

Den Reichtum entdecken

Familiengottesdienste sind keine launige Feten, sondern Feste des Glaubens mit allen Facetten. Wer mitgestaltet, vermittelt auch etwas von seiner eigenen Einstellung. Wer mitfeiert, wird beschenkt und gesegnet, wie es ein Liedvers besingt:

»Segne uns mit den Träumen der Kinder,
segne uns mit der Liebe der Eltern,
segne uns mit Geschichten der Alten,
himmlischer Vater, segne uns.
Segne, Vater, tausend Sterne,
segne, Vater, unsre Erde,
segne, Vater, Meer und Land,
segne, Vater, Herz und Hand.«

Text: Kinderkirchentags-Team
Musik: Peter Janssens
Aus: Kurs: Gottes Erde, 1985

Familiengottesdienste in katholischen Gemeinden

Peter Hitzelberger

Der Familiengottesdienst im Leben der Gemeinde

In katholischen Gemeinden werden Familiengottesdienste meist in kleineren Teams von ehrenamtlichen Mitarbeiter/innen vorbereitet und mehrmals im Jahr gestaltet. In vielen Gemeinden ist der Familiengottesdienst am Sonntag ein Gottesdienstangebot unter mehreren. Der zunehmende Mangel an Priestern und anderen pastoralen Berufen führt inzwischen allerdings häufiger dazu, dass der Familiengottesdienst an diesem Sonntag auch der einzige Gottesdienst in der Gemeinde ist.

Da es einen speziellen Kindergottesdienst in etlichen Gemeinden nicht gibt, ist der Familiengottesdienst dann auch der besondere Gottesdienst mit und für Kinder. Für Kindergottesdienste sind größere Freiheiten in der liturgischen Gestaltung auch von der Messordnung her zugelassen (vgl. Direktorium für Kindermessen, herausgegeben von den Liturgischen Instituten, im Internet unter www.liturgie.de). Diese Möglichkeiten einer freieren liturgischen Gestaltung werden auch bei Familiengottesdiensten angewandt.

Oft wird vor allem die Vorbereitung auf die Erstkommunion (3. Grundschulklasse) dazu genutzt, um die Kinder und Familien wieder an eine stärkere Gottesdienstpraxis heranzuführen.

Das Thema und der biblische Text

Thematisch orientieren sich die Familiengottesdienste häufig am Kirchenjahr oder jahreszeitlichen Gegebenheiten. Die Advents-, Fasten- und Osterzeit sind ebenso bevorzugte Zeiten für solche Gottesdienste wie Einzelfeste (Dreikönig, Muttertag, Erntedank oder St. Martin). Charakteristisch ist das unterschiedliche Alter der Kinder (vom Kindergarten bis zum Ende der Grundschule oder noch etwas ältere Kinder).

Im Mittelpunkt des Wortgottesdienstes steht das Thema oder der biblische Text. Dies kann der Schrifttext sein, den die Perikopenordnung für den Gemeindegottesdienst an diesem Sonntag vorsieht, das Thema kann aber auch unabhängig davon gewählt werden. Man kann sich auf einen Schrifttext (in der Regel aus den Evangelien) beschränken.

Um den besonderen Charakter des Gottesdienstes zu wahren, sollte man sich allerdings nicht von der Einbeziehung eines Bibeltextes dispensieren. Es genügt nicht, eine schöne kindgerechte Geschichte gefunden zu haben. Die Verbindung mit dem Wort Gottes herzustellen, ist ein unverzichtbarer Bestandteil des Gottesdienstes.

Die liturgische Feier und die Beteiligung der Kinder

Der Familiengottesdienst wird üblicherweise in Verbindung mit einer Eucharistiefeier durchgeführt. Dabei wird zunächst vor allem der Wortgottesdienstteil besonders gestaltet, beim Hochgebet wählt der Pfarrer ein Gebet, das sich für die Feier von Kindermessen eignet (mehrere

Kinderhochgebete sind von den Bischöfen zugelassen und empfohlen). Die Kinder stehen dann eventuell um den Altar und können Kehrverse mitsprechen. Das Vaterunser kann mit Gesten gestaltet sein und der Friedensgruß wird von den Kindern an die Erwachsenen weitergegeben. Sie kehren dazu an ihren Platz in den Bänken zurück. Nach der Kommunion kann die Danksagung nochmals für die Kinder gestaltet werden: ein gemeinsames Dankgebet, ein Tanz, die Gestaltung eines Bodenbildes.
Die Kinder können in die Gestaltung des Eingangsteils (Vorstellung des Themas), des Kyrie und der Fürbitten einbezogen werden. Die Auslegung des Schrifttextes kann ebenfalls die Kinder einbeziehen. Das kann schon mit einer Präsentation der biblischen Geschichte als Stegreifspiel beginnen, aber auch in Form eines Legebildes, mit Bildern (Folien, Dias) oder anderen Formen geschehen. Wichtig ist, dass nicht nur die Kinder, sondern auch die Erwachsenen in Teilelementen einbezogen sind. Den Liedern und gemeinsamen Gebeten kommt ein wichtiger Stellenwert zu.
Gerade in der Feier mit Kindern und Familien ist die Lebendigkeit im Gottesdienst besonders wichtig: Alle Sinne sollen angesprochen werden, Bewegung und Tanz sind tragende Elemente, modernes Liedgut hat seinen Platz. Nur dann fühlen sich Kinder und Familien ernst genommen, wenn sie nicht als Störung empfunden werden. Darin liegt die Chance dieser Gottesdienstform, dass sie den ganz anderen Bedürfnissen der Familien mit vor allem jüngeren Kindern gerecht werden kann. Gleichzeitig ist es wichtig, in der Gestaltung nicht nur »action« zu entfalten, sondern auch die Seele zur Ruhe kommen zu lassen. Richtig angeleitet, sind Kinder sehr empfänglich für Ruhe und Momente der Sammlung. Gerade heute, wo viele Kinder schon Verhaltensstörungen zeigen und nicht mehr still sitzen können, kommt Elementen, die zur Konzentration auf die innere Mitte (Gott) führen, besondere Bedeutung zu. Gut, wenn der Familiengottesdienst auch dafür ein Ort ist.

Wichtige liturgische Bücher für Gottesdienste mit Kindern:

Lektionar für Gottesdienste mit Kindern: Kirchenjahr und Kirche (Band 1), ISBN 3-451-18956-9, Freiburg 1981

Lektionar für Gottesdienste mit Kindern: Lebenswelt des Kindes, Lebensordnung des Christen, Biblische Gestalten als Zeugen des Glaubens (Band 2), ISBN 3-451-18957-7, Freiburg 1985

Fünf Hochgebete, Volksausgabe, Hochgebet zum Thema »Versöhnung« und für Messfeiern mit Kindern, ISBN 3-451-17425-1, Freiburg, 8. Auflage 2001

Der evangelische Gottesdienst

Alma Grüsshaber

Die Predigt und die Liturgie bilden im evangelischen Gottesdienst die Mitte. Manche Gottesdienste haben eine besondere Form: der Taufgottesdienst, die Hochzeit, die Beerdigung. Dazu gehören dann spezielle Lesungen, Worte und Formulierungen. Die zwei Sakramente, die die evangelische Kirche kennt, werden mit besonderen Ritualen gefeiert: Die Taufe und das Abendmahl.

Begegnung braucht immer einen Rahmen, ein Ritual. Im gottesdienstlichen Feiern ist dies der rituelle Ablauf. Dass etwas Neues entsteht, ein Mensch von Gott berührt wird, ist kostbare Gabe. Das vermag keine Pfarrerin und kein Pfarrer zu machen, auch die kreativste Vorbereitung kann das nicht vorplanen. Dass Menschen angeregt und von Gott berührt werden, neue Hoffnung schöpfen und ermutigt ihren Weg gehen, bleibt unverfügbares Geschenk. Dies ist das große Geheimnis jeder gottesdienstlichen Feier.

Jeder Gottesdienst ist Begegnung. Gott begegnet uns durch sein Wort. Die Gemeinde gibt Antwort in Liedern und Gebeten. Zwei Grundbewegungen hat damit der Gottesdienst: Gott dient uns und wir dienen Gott.

Dieses Kernanliegen des Gottesdienstes beschrieb Martin Luther so: »...dass im Gottesdienst nichts anderes geschehe, denn dass unser lieber Herr selbst mit uns rede durch sein heilig Wort und wir wiederum durch Gebet und Lobgesang.«

Das Ordinarium (die wiederkehrenden Stücke) der Liturgie im evangelischen Gottesdienst sind das Glaubensbekenntnis und das Vaterunser. Zum Proprium (die wechselnden Elemente) gehören die Lesungen zum jeweiligen Sonntag und die Gebete (Eingangs- und Fürbittengebet). Diese Rituale (wiederkehrende Abläufe) sollen helfen, damit Menschen sich im Raum »Gottesdienst« einfinden und begegnen.

Drei große Bereiche kennzeichnen den Gottesdienst:

1. Die Eröffnung und Anrufung
Glocken läuten, Musik, Eingangslied, Votum (liturgischer Gruß), Lesung des Wochenspruchs, Psalmgebet und Gemeindegesang »Ehre sei dem Vater ...«, Gebet zum Eingang und Stilles Gebet.

2. Verkündigung und Bekenntnis
Glaubensbekenntnis, Schriftlesung, Wochenlied, Predigttext, Predigt, Lied nach der Predigt.

(3. Abendmahl
Wort zum Abendmahl, Sündenbekenntnis und Zuspruch der Vergebung, Einsetzungsworte, Austeilung, Lobpreis)

4. Fürbitte und Sendung:
Fürbittengebet, Vaterunser, Lied zum Ausgang, Friedensbitte, Segen, Musik zum Ausgang.

(Zusammengestellt nach der Gottesdienstagende aus »Predigtgottesdienst«, Ev. Kirchengesangbuch, Seite 1239–1249)

Der Gottesdienstablauf

(Die Evangelischen Landeskirchen haben z.T. unterschiedliche Agenden für den Gottesdienst. In der liturgischen Ausgestaltung des Gottesdienstes gibt es deshalb verschiedene Formen.)

Katholischer Gottesdienst	Evangelischer Gottesdienst
Einzug und Orgelmusik	Musik zum Eingang
Lied	
Begrüßung	Begrüßung
Schuldbekenntnis	
Kyrie	Eingangslied
Gloria	Psalm / Kyrie / Gloria
Tagesgebet	Tagesgebet
Lesung	Schriftlesung
	Predigt
Lied (Antwortpsalm)	Lied
Evangelium	Glaubensbekenntnis
Predigt *(anschließend ggf. Taufe)*	*(Taufe)*
Glaubensbekenntnis	
Fürbitten	Lied
Lied	Fürbittengebet
Gabenbereitung	
Gabengebet	*(Abendmahlsgebete*
Sanctus	*Einsetzungsworte / Austeilung*
Eucharistisches Hochgebet	*Lieder*
Vaterunser	*Dank)*
Friedensgruß	
Kommunion	Vaterunser
Danklied	
Schlussgebet	
Vermeldungen	Abkündigungen / Mitteilungen
Segen und Entlassung	Lied
Lied	Sendewort / Segen
Auszug (Orgel / Musik)	Musik zum Ausgang
(Ablauf nach »Gotteslob«, Kath. Kirchengesangbuch)	*(Ablauf nach »Ev. Gottesdienstbuch«, Agende für die Evang. Kirchen der Union und Vereinigte Ev.-luth. Kirchen in Deutschland, Berlin 1999)*

»Wo wohnt der liebe Gott?«

Im Familiengottesdienst danach gefragt, waren Kinder um Antworten nicht verlegen: »Im Himmel« – tönte es ganz selbstverständlich aus allen Reihen. Kurze Pause. Die Kinder schauten sich um, ob nicht doch noch einer etwas sagen möchte. Nach einigem Zögern: »In meinem Herzen«, sagte ein sieben Jahre altes Mädchen. »Gott wohnt am Kreuz«, rief ein Junge aus der letzten Kirchenbank. Alle schauten wie gebannt zum großen Kreuz auf, das über dem Altar hängt. »Wenn ich mich mit meiner jüngeren Schwester wieder vertrage, dann ist Gott da«, kam zögernd eine weitere Antwort. »Gott wohnt bei den armen Menschen in Afrika, damit sie nicht verzweifeln«, meldete sich ein Eritreakind.
Auf den Gesichtern der Erwachsenen lag eine Mischung von Schmunzeln, wohlwollender Zustimmung und Skepsis. Vielleicht auch ein Stück Verlegenheit? Was antworte ich, wenn ich danach gefragt würde: »Wo wohnt der liebe Gott?« – Geben uns Kinder die Antwort?

(Aus: Albert Biesinger, Kinder nicht um Gott betrügen. Anstiftungen für Mütter und Väter. Ein Ratgeber, Herder Verlag, Freiburg, 12. Auflage 2001, S. 130)

Die Gottesdienstentwürfe ›››

Was wir alles erhoffen

Ein Familiengottesdienst zum 1. Advent
mit Bildern zu der russischen Legende »Varenka«

Alma Grüsshaber

Zur Adventszeit

Seit etwa 1600 Jahren bereiten sich die christlichen Gemeinden durch diese besondere Zeit auf das Weihnachtsfest vor. Papst Gregor I. (540-604) hat die ursprünglich sechs auf vier Adventssonntage beschränkt. Die Adventszeit soll eine Art Training sein, das eigene Leben mit allen Höhen und Tiefen, mit aller Angst und Sorge anzuschauen und mit den Augen einer großen Hoffnung neu wahrzunehmen. So gesehen ist die Adventszeit eine »Hoffnungszeit«.
»Sehet auf und erhebet eure Häupter«, schreibt der Evangelist Lukas (21,28). Und Martin Luther dichtete das herrliche Adventslied »Nun komm der Heiden Heiland, der Jungfrauen Kind erkannt, dass sich wunder alle Welt« (EG 4). Wenn Gott im Kind kommt, dann kommt er in die Ratlosigkeit, in die Streitigkeiten und in die Gottlosigkeit der Zeit. Er will dort einkehren, wo die Menschen gedrückt zu Boden schauen. Dort, wo überhaupt keine Hoffnung ist, soll Wunderbares geschehen. Die Messiashoffnung der Adventszeit will die Tür dazu öffnen.
Was ist Hoffnung? Hoffnung lebt aus Vergangenem, wird durch Erfahrung gestärkt und richtet sich auf Zukünftiges. Hoffen gehört zum Leben, wie die Luft zum Atmen. Es ist die große Sehnsucht, der Traum, dass etwas neu und ganz anders wird. Die Hoffnung, von der die Bibel redet, gründet sich auf die Geschichte mit Gott: In der Schöpfung hat er sein Ja zur Welt manifestiert, in der Auferstehung Jesu wiederholt. In den Prophetenworten zeigen sich die Visionen der neuen Welt Gottes, im Neuen Testament wird dies weitergeführt (s. »Einführung ins Thema« S. 18).

Religionspädagogische Überlegungen

Was Kinder in der Adventszeit brauchen

Für Kinder richtet sich das Hoffen zuerst einmal auf konkrete Wünsche, z.B.: dass es dieses oder jenes Geschenk gibt oder an Weihnachten Schnee liegt oder die geliebte Tante oder die Großeltern zu Besuch kommen. Manchmal ist auch die Hoffnung dabei, dass alles wieder gut wird, wenn ein Kind krank ist oder ein Elternteil um die Gesundheit bangt. In einer Kindergottesdienstgruppe fragte ich, was die Kinder im Blick auf Weihnachten hoffen. Die meisten Kinder wünschten sich schöne Geschenke, einen leuchtenden Tannenbaum oder dass die Zeit bis Weihnachten nicht »ewig« dauert. Ein Mädchen sagte: »Dass wir nicht so feiern müssen wie Maria und Josef, ohne Haus und in der Kälte.« Diese Siebenjährige hat vom Weihnachtsgeschehen viel begriffen. Sie hat verstanden, dass das größte Fest in Armut, Dunkelheit und Kälte stattfand und nicht in prachtvollen Räumen mit üppiger Dekoration. Sie hat begriffen, dass Gottes Sohn in die kalte Welt kommt, damit arme Menschen Hoffnung schöpfen.

Vielleicht müssen wir Erwachsenen die Hoffnungsträume der größeren Kinder konfrontieren mit dem, was jeden Menschen angeht: die Not und das Leid derer, die es nicht so gut haben. Wir müssen das Fenster zur Welt öffnen, wo Hoffnung notwendig ist, um zu leben. Erzählungen von Kindern anderer Länder könnten dies transportieren. Projekte in Kindergruppen, Kindergottesdienst und Religionsunterricht sind wesentlich, um die Kinder zu einem Verständnis für Arm und Reich zu führen. Ein Kind braucht nicht skandalöse Berichte, die erschrecken (wie etwa die Bilder der Nachrichtensendungen), sondern Geschichten, die Hoffnung bieten. Kinder brauchen innere Bilder, die verdeutlichen: Nie bist du allein. Die russische Legende von »Varenka« (s. Seite 19) ist eine solche Geschichte und bringt mehrere Erfahrungsebenen ins Spiel, die Schulkinder und Jugendliche in ihrer Gottesvorstellung brauchen:

1. Gott hört mich. Ich kann ihm alle Sorgen und Nöte sagen. Mein Beten hilft deshalb zuerst mir.
2. Gott handelt anders. Er hilft nicht sofort. Trotzdem ist er jedem Menschen nahe.
3. Varenka macht mit ihrem Leben Mut. An ihr sehen wir, dass immer Zeit der Hoffnung ist. Varenkas Hoffnung wird belohnt. Sie erlebt, dass sie Mut für andere bekommt. Sie erfährt, dass Gott handelt. Die Geschichte zeigt: Hoffende Menschen erleben Wunder.

Didaktische Überlegungen

Zum ersten Adventssonntag gehört für viele Familien der Gottesdienstbesuch. Die Einstimmung auf das Thema Hoffnung könnte schon beim Hereinkommen in den Kirchenraum beginnen. Dafür werden Zettel vorbereitet, auf denen bereits der Satzanfang »Ich hoffe, dass ...« steht. Jeder, der kommt (auch die kleineren Kinder, die dazu malen können), erhält einen Zettel und einen Stift, die er mit dem Liedblatt oder Gesangbuch an den Platz mitnimmt.
Im Kirchenraum gibt es den Adventskranz mit vier Kerzen. Auf einer Pinnwand sind vier Bilder, auf denen jeweils eine große Kerze aufgemalt ist, angebracht. An diese Wand werden nachher die Zettel geheftet.
Als Einstimmung könnten auch Hoffnungsworte und Sprichwörter auf großen Spruchbändern gut sichtbar im Raum platziert werden (s. Seite 26).
Die Einführung wird das Eröffnen des neuen Kirchenjahres, das Entzünden der ersten Adventskerze und das Einstimmen auf das Thema Hoffnung umfassen.
Im weiteren Verlauf erfolgt die Erzählung der russischen Legende, die als Bildergeschichte (für kleinere Kinder) oder als Erzählung mit Pantomime (s. Seite 25) dargeboten wird. Man kann die Geschichte auch mit der Tondiareihe »Varenka« erzählen, die bei verschiedenen Medienstellen ausgeliehen werden kann.
Einen besonderen Akzent möchten wir auf die liturgischen Texte und Gebete legen. Sie sollen durch die Adventszeit begleiten und könnten in einem Liedblatt abgedruckt werden.
Der Gottesdienst eignet sich, um ihn mit einem Projektteam vorzubereiten. Einzelne Aufgaben könnten auch delegiert werden, z.B. an eine Jugendgruppe oder an die Konfirmanden oder Firmlinge.

▷▷▷

Vorbereitungen

Gottesdienstablauf

Orgel oder Instrumentalmusik
Lied: »Macht hoch die Tür« (EG 1,1- 5; GL 107,1-5)
Begrüßung und Einführung ins Thema (s. unten)
Gebet (s. Seite 23)
Psalm (s. Seite 22)
Lied: »Wir sagen euch an den lieben Advent« (EG 17,1; GL 115,1, zweimal singen)
Bildergeschichte »Varenka« (s. rechte Seite)
Kanon: »Mache dich auf und werde Licht« (EG 91; KG 24; LJ 451; SL 118)
Ansprache (s. »Gedanken zur Geschichte«, Seite 21)
Schlussgebet (s. Seite 23)
Vaterunser
Lied: »Wartet nicht« (s. Seite 24)
Segen
Nachspiel mit Orgel

Material- und Checkliste

Die Vorarbeiten
— Im September ein Team zusammenrufen.
— 2-3 Vorbereitungstermine einplanen, um Inhaltliches und Kreatives zu erarbeiten.
— eine Probe im Gottesdienstraum durchführen (Mikrofonprobe, Stellprobe, Raumgestaltung festlegen).

Der Gottesdienstraum
— Adventskranz
— Spruchbänder für Hoffnungsworte aufhängen (s. Seite 26)
— Stellfläche für die Bilder zur Geschichte oder
— Spielfläche für das pantomimische Erzählen
— Adventskalender für die Einführung

Die Bilder
— Sieben Bilder herstellen (s. Seite 25) oder
— Kleidungsstücke für die Spieler bereitlegen. (Szenen s. Seite 25, unten)

Das Liedblatt
— Liedblatt mit Gebeten (s. Seite 22ff.) zusammenstellen

Die Werbung
— Flyer oder Gottesdiensteinladungen herstellen
— Einladungszettel im Kindergarten, Religionsunterricht und in Jugendgruppen verteilen
— Ausschreibung im Gemeindebrief und in der örtlichen Presse

Die Nacharbeit
— ein Nachgespräch mit dem Team einplanen mit Auswertung, Rückblick und Vorschau »Was könnten wir wieder machen?«

■ Bausteine

Einführung ins Thema

(Zeigt einen Adventskalender mit einer offenen Tür.)

Wie dieser Adventskalender liegen die Tage vor uns: die 24 Tage bis Weihnachten, die Tage im neuen Kirchenjahr. Ihr Kinder seid sicher auf euren Adventskalender gespannt. Was verbirgt sich hinter jeder Tür? Wir Erwachsene denken in größeren Zeiträumen: Was werden die Tage im neuen Kirchenjahr bringen?

Wenn etwas Neues beginnt, hoffen wir, dass es gut und schön wird. Die Adventszeit ist eine solche Besinnungszeit. Schon vor über 1600 Jahren haben die Christen gesagt: Das soll unsere Hoffnungszeit sein. Wir freuen uns so sehr, dass Gott auf die Erde gekommen ist und wir den Christtag feiern können. Bis es endlich Weihnachten ist, bereiten wir uns vor. Wir lesen die alten Prophetenworte, die auf das Kommen Jesu hindeuten, etwa wie sie hier an unseren Wänden stehen (Jesaja 9,1ff.).
Wir halten inne und denken an all das Leid und die Unterdrückung, die um uns passiert. Wir wissen, dass Gott ganz arm in die Welt gekommen ist, mitten hinein in die Streitigkeiten und in die politischen Wirren seiner Zeit. Er wird im Stall geboren und nicht im Palast. Gott kommt in Jesus zu den hoffnungs- und wohnungslosen Menschen. Er will Hoffnung schenken. Er kommt zu uns in unseren Alltag: in die Familienkonflikte, in die Schulschwierigkeiten, in die Sorge und Angst um Arbeitsplätze, Schul- und Berufsabschlüsse. Er kommt zu den Verzagten und Kranken und will hoffende Menschen beschenken.
Was hoffe ich? Hoffnung ist immer konkret und hat ein Ziel. Wir schreiben deshalb jetzt auf die Zettel, die ausgeteilt werden, was wir hoffen, und befestigen diese auf unseren vier besonderen Hoffnungskerzen, die in der Adventszeit im Kirchenraum bleiben. Auch die Kinder schreiben oder malen nun ihre kleinen und großen Hoffnungen auf. Weil wir hier viele Menschen sind, werden wir auch vielerlei Hoffnungen haben. Während wir aufschreiben, hören wir eine adventliche Orgelmusik. Wer fertig ist, bringt seinen Zettel nach vorne oder gibt ihn durch die Bankreihe, und die Mitarbeiter sammeln sie ein. Wenn alle Hoffnungszettel abgegeben sind, hören wir, was unsere Hoffnungen sind.

Erzählung: Varenka

Erzählung

Vor langer Zeit lebte in den weiten Wäldern Russlands eine Witwe. Sie hieß Varenka. Ihr kleines Haus stand tief in den Bäumen, wo selten jemand hinkam. Es war ganz aus Holz gebaut.
Varenka hatte alles, was sie brauchte: einen Tisch, Stühle, Kästen für Brot und Käse und Geschirr. In der Ecke hing eine Ikone, und Varenka sorgte immer für frische Waldblumen. Nachts schlief sie, wie alle einfachen Leute in Russland, auf dem warmen Ofen.
Varenka lebte zufrieden in ihrem kleinen Haus. Doch eines Tages kam eine Gruppe Leute zu ihr. In großer Aufregung riefen sie: »Varenka, wir sind in Eile! Im Westen wütet ein schrecklicher Krieg. Die Soldaten kommen jeden Tag näher. Pack deine Sachen zusammen und fliehe mit uns, bevor dir etwas zustößt!«
Varenka erschrak. Krieg! Soldaten! Angst ergriff sie. Dennoch sagte sie zu den Leuten: »Wer wird die müden Wanderer stärken, wenn ich mit euch komme? Wer nimmt sich der Kinder an, die sich im Wald verirren? Und wer wird sich um die Tiere und Vögel kümmern, wenn der Winter kommt mit Schnee und Eis? Nein, ich muss bleiben. Doch ihr, meine Freunde, beeilt euch und zieht weiter. Gott möge euch beschützen!«
Da eilten die Leute weiter, und Varenka blieb allein zurück. Sie stand ganz still und lauschte: »Ja, jetzt höre ich das Donnern der Kanonen«, flüsterte sie. »Heute sind sie noch fern, aber schon morgen können sie da sein. Ach, was wird dann aus mir?«
Varenka verriegelte die Tür. Dann kniete sie vor der Ikone und betete zu Gott. »Bitte baue eine Mauer um mein Haus, damit die Soldaten mich nicht sehen können!«

Es wurde Abend, die Kanonen verstummten, und Friede lag über dem Wald. Die Vögel sangen noch eine Weile, dann steckten sie ihre Köpfe unter die Flügel. Tauben gurrten und Nachtigallen sangen. Aber Gott kam nicht, und niemand baute eine Mauer um Varenkas Haus.

Am nächsten Tag ging Varenka in den Wald, um Reisig zu sammeln. Und wieder hörte sie das Donnern der Kanonen in der Ferne. »Ach«, seufzte sie, »heute sind sie schon viel näher. Was wird aus mir und meinem Haus?«

Gegen Abend kehrte sie mit viel Reisig zurück. Bald darauf klopfte es an ihre Tür. Ein alter Mann stand draußen mit einer Ziege. Varenka erkannte ihn, es war Pjotr, der Ziegenhirt.

»Warum bist du nicht zu Haus mit deinen Ziegen und Hühnern, deinen Gänsen und Schafen?«

Pjotr antwortete: »Meine Hütte ist niedergebrannt, Varenka, und die Soldaten haben mir alles genommen, außer dieser kleinen Ziege, die mit mir entfliehen konnte. Bitte nimm uns in dein Haus. Wir wissen nicht mehr wohin, und bald kommt die Nacht, und die Wölfe werden uns beide fressen.«

Varenka nahm Pjotr und die Ziege ins Haus. Sie machte es ihm beim Herd gemütlich und gab ihm heiße Suppe. Dann betete sie zu Gott: »Bitte, komm schnell und baue ein Mauer um mein kleines Haus, damit die Soldaten vorbeigehen und Pjotr und mich und die Ziege nicht sehen werden!«

Die Nacht kam. Wieder verstummten die Kanonen und alles war still. Die Blumen falteten ihre Blütenblätter. Die kleinen Tiere in den Bäumen und Höhlen kuschelten sich zusammen und schliefen ein. Aber Gott kam nicht, um eine Mauer um Varenkas Haus zu bauen.

Früh am Morgen ging Varenka wieder in den Wald. Sie sammelte den ganzen Tag lang Pilze und Kräuter. Am Nachmittag erblickte sie einen jungen Mann, der in einem hohlen Baum schlief. »Wach auf«, rief Varenka. »Wach auf! Hier kannst du nicht schlafen! Die Soldaten werden dich finden und fortschleppen. Hörst du nicht die Kanonen donnern? Sie sind schon sehr nah!«

Der junge Mann antwortete: »Von dort komme ich, wo die Kanonen donnern. Alles ist zerstört. Dörfer und Felder sind verbrannt. Ich floh in den tiefen Wald und fand schließlich Schutz in diesem hohlen Baum.«

»Mein armer Junge«, seufzte Varenka, »komm mit mir, ich werde dir Essen und Obdach geben.«

So ging Stjepan mit Varenka nach Hause. Er war ein Maler. In einer Hand trug er ein Bild und in der anderen einen Topf mit einer weißen Blume. Und dies war alles, was ihm auf der Welt geblieben war.

Nachdem Stjepan, Pjotr und Varenka zu Abend gegessen hatten, beteten sie zusammen, und Varenka sagte in ihrem Herzen: »Bitte, lieber Gott, komm schnell und baue eine Mauer um mein Haus. Dann werden uns die Soldaten nicht finden, weder Stjepan noch Pjotr noch mich.«

Die ganze Nacht hindurch lag Frieden über dem Wald. Die einzigen Laute waren der Ruf einer Eule und das Heulen der Wölfe. Gegen Morgen schaute Varenka aus dem Fenster, aber keine Mauer stand um ihr Haus. Da ergriff Varenka große Angst.

An diesem Tag schob Varenka viel Holz in den Ofen, um Brot und Kuchen zu backen. Während sie den Teig zubereitete, hörte sie jemanden leise weinen. Sie schaute aus dem Fenster und sah ein kleines Mädchen, das bitterlich weinte. In den Armen hielt es eine Taube.

»Mein liebes Kind«, sagte Varenka, »woher kommst du und was machst du hier im Wald? Hörst du nicht den schrecklichen Lärm der Kanonen? Du solltest zu Hause sein, bei deinen Eltern.«

»Ach, liebe Großmutter«, schluchzte das Mädchen, »ich bin ganz allein, nur mit meiner Taube. Ich habe Vater und Mutter auf der Flucht verloren. Da bin ich in den Wald gerannt. Und bei dir roch es so fein nach frischem Brot; das machte mich hungrig!«
»Komm herein, Kind. Wir sind hier eine kleine Familie, und du bist nun die Jüngste. Du bleibst jetzt bei uns, bis wir deine Eltern wieder finden.« So kam Bodula in Varenkas kleines Haus. Varenka gab ihr Brot, Kuchen und Tee und die Taube pickte zufrieden die Brotkrumen, die Bodula streute.
Den ganzen Tag hörten die Freunde das Donnern der Kanonen. Den ganzen Tag lang hatten sie Angst. Schließlich nahm Pjotr seine Balalaika und begann zu spielen. Stjepan, Pjotr, Bodula und Varenka sangen dazu ihre russischen Weisen. Als sich der Tag neigte und der Mond aufging, brachte die Musik Frieden in ihre Herzen.
In dieser Nacht beteten sie wieder alle, und Varenka sagte: »Bitte, lieber Gott, heute Nacht musst du kommen und eine Mauer bauen, die so hoch ist, dass kein Soldat mein Haus sieht; dann sind wir gerettet, das Kind mit der Taube, der Maler und seine Blume, der alte Mann und seine Ziege und ich. Aber ich fürchte, es ist nun sehr spät geworden; morgen werden die Soldaten hier sein und wir sind alle verloren.«
Auch in dieser Nacht war es sehr still. Doch in der stillsten Stunde war ein leiser Ton um Varenkas Haus. Varenka öffnete vorsichtig die Läden und sah, dass Schnee fiel. So dicht war der Schnee schon gefallen, dass er bis zum Fenstersims reichte. Varnka schloss wieder leise den Laden, fiel auf die Knie und dankte Gott. Und noch immer schneite es. Es schneite die ganze lange Nacht, dichter und dichter, und im Morgengrauen war Varenkas kleines Haus vom Schnee verdeckt.
Am Mittag kamen die Soldaten. Sie zogen mit viel Lärm durch den Wald und suchten nach Feinden. In dem kleinen Haus saßen alle angstvoll und still beisammen. Jetzt waren die Soldaten ganz nah beim Haus und – sie gingen vorüber. Sie hatten Varenkas kleines Haus nicht gesehen, weil es tief im Schnee versteckt lag.
Stjepan, Pjotr, Bodula und Varenka dankten Gott, dass er sie gerettet hatte.
Die Soldaten zogen weiter, und es gab keinen Krieg mehr in diesem Teil Russlands.
Als der Schnee schmolz, traten die Freunde vor das kleine Haus. Die Taube flatterte froh von Baum zu Baum. Die Ziege machte übermütige Sprünge, und Stjepan pflanzte seine Blume vor Varenkas Haustür.
Der Frühling kam. Bodula fand ihre Eltern wieder und ging mit ihnen zurück ins Dorf. Die Ziege hatte ein Zicklein. Aus dem Samen der weißen Blume wuchsen neue Blumen. Die Taube flog weit fort, um der Welt zu verkünden, dass der Friede wieder eingezogen war.
Und Stjepan, weil er ein Künstler war, malte einige Bilder, um die Geschichte der Mauer zu erzählen, die Gott um Varenkas kleines Haus gebaut hatte.

Aus: Varenka. Nach einer russischen Legende erzählt und illustriert von Bernadette

Gedanken zur Geschichte

Es ist fast wie ein Märchen, was Varenka erlebt. Und trotzdem tut Varenka, was wir Menschen in aussichtsloser Situation auch machen:
— sich verstecken,
— mit anderen darüber reden,
— nachschauen, was sich tut,
— beten, ganz genau will sie etwas: eine Mauer soll Gott bauen,

— singen,
— neuen Mut schöpfen.
Was ist die Hoffnung dieser Frau? Ihre Hoffnung ist Gott. Nur er kann noch helfen. Daran glaubt sie und daraus erwächst ihre Kraft. Das erste Wunder, das geschieht: die Menschen werden bei ihr ruhig. Sie können sogar singen. Und am Ende baut Gott eine eigenartige Mauer: eine Schneemauer.

Auszüge aus einem Erzählvorschlag von Werner Pohl in der Zeitschrift »Ev. Kinderkirche« 4/1999, Seite 361f., Verlag Junge Gemeinde, Leinfelden-Echterdingen

Lesungen und Gebete

Psalmgebet (nach Psalm 24)
(Der Kehrvers wird von allen gemeinsam gesprochen.)

Kehrvers: *Macht die Toren weit und die Türen in der Welt auf.*

1. Sprecher: Lasst ihn einziehen in die Welt, den Frieden.

2. Sprecher: Ist Gott nicht zu uns gekommen, unscheinbar und friedlich, in einem Kind, dass wir den Frieden neu lernen?

Macht die Tore weit und die Türen in der Welt auf.

1. Sprecher: Lasst sie neu einziehen in die Welt, die Gerechtigkeit.

2. Sprecher: Vor Falschheit und Trug haltet die Türen fest verschlossen.

Macht die Tore weit und die Türen in der Welt auf.

1. Sprecher: Lasst sie neu einziehen in die Welt, die Hoffnung

2. Sprecher: Hat Gott sie nicht neu entzündet unter uns – ein Licht, das sich ausbreitet?

Macht die Tore weit und die Türen in der Welt auf.

1. Sprecher: Lasst Menschen neu zueinander finden.

2. Sprecher: Ja, dass Menschen sich freundlich begegnen. Dazu brecht die Riegel ab und baut die Schlösser aus.

Macht die Tore weit und die Türen in der Welt auf.

1. Sprecher: Weil Gott kommt. Amen.

(Nach Klaus Bastian, Bischofsheim, Rechte beim Autor)

Schriftlesung aus Jesaja 60, 1–3

Mache dich auf, werde licht. Sei nicht traurig, freue dich!
Ihr tappt im Dunkeln. Ihr habt Angst. Ihr fragt: Was kommt?
Du Zionsstadt, ich sage dir: Dein Licht kommt!
Dein Gott kommt! Und er wird euch aus aller Not befreien.
Die Herrlichkeit des Herrn geht auf über dir.
Wie ein großer Stern wird Gottes Herrlichkeit
über dieser Stadt und über dem ganzen Land leuchten.
Dann werdet ihr erkennen, wie stark Gott ist und wie groß.
Denn siehe, Finsternis bedeckt das Erdreich und Dunkel die Völker.
Aber über dir geht auf der Herr und seine Herrlichkeit erscheint über dir!

Eingangsgebet

Immer wieder fängt Neues an.
Guter Gott, wir danken dir für den neuen Tag, den du schenkst.
Guter Gott, wir danken dir für das neue Kirchenjahr, das heute beginnt.
Du weißt, was auf uns wartet.
Begleite unsere Wege.
Lass uns nicht so leben, als ob wir keine Hoffnung hätten.

Vor dich bringen wir die Last der Woche, das, was belastet und beschwert.
Vor dich bringen wir den Dank für Gelungenes,
für die schönen Augenblicke und Stunden.
Guter Gott, beschenke uns in diesem Gottesdienst durch dein Wort.
Zeige uns in den Geschichten mit Menschen, dass du keinen allein lässt.
Vor dich bringen wir in der Stille, was wir von dir erhoffen:

Stilles Gebet

Gott, du erhörst uns, wenn wir dich anrufen.
Auf dich hoffen wir, heute und immer. Amen.

Schlussgebet / Fürbitten
(Der Kehrvers wird von allen gemeinsam gesprochen.)

Kehrvers: *Auf dich, Gott, hoffen wir.*

Gott, du kennst unseren Alltag.
Wir bitten dich um ein gutes Miteinander in den Familien,
in den Schulen und am Arbeitsplatz.
Lass uns umsichtig und gütig miteinander umgehen.
Schenke uns Hoffnung für Menschen,
die wir allzu schnell aufgeben.
Vor dir gibt es keinen hoffnungslosen Fall.
Lass uns immer wieder neu begreifen,
dass du mit jedem Menschen bist.

Auf dich, Gott, hoffen wir.

Gott, du zeigst uns die Wege, die wir noch nicht kennen.
Begleite uns durch dieses Kirchenjahr.
Gib, dass wir in unserer Kirchengemeinde einen Blick füreinander haben.
Schenke uns, dass unsere Gruppen wachsen
und sich junge und alte Menschen bei uns geborgen und zu Hause fühlen.
Gib uns Mut zu Veränderungen und Geduld in Bewährtem.

Auf dich, Gott, hoffen wir.

Gott, du kannst Mauern um uns bauen,
wo wir in Furcht und Angst leben.
Gott, du allein kannst Völker vor Krieg bewahren.
Schlage das Klirren der Waffen nieder
und lass das Kriegsgeschrei verstummen.
Schaffe du Frieden in deiner zerstrittenen Welt.
Lass die Gerechtigkeit und die Hoffnung wachsen.
Lass uns den Frieden leben, jeden Tag.

Auf dich, Gott, hoffen wir. *(Alma Grüßhaber)*

Das Lied vom Friedenslicht

2. Zögert nicht, zögert nicht!
Zündet an das Friedenslicht.
Ist die Welt voll Angst und Kälte
und von Hass getränkt,
sorgt dafür, dass seine Flamme
in dem Dunkel Wärme schenkt.

3. Sorgt euch nicht, sorgt euch nicht!
Immer heller brennt das Licht.
Augen fangen an zu leuchten,
denn sein heller Schein
geht von einem zu dem andern
und geht tief ins Herz hinein.

4. Sperrt euch nicht, sperrt euch nicht
und gebt weiter dieses Licht.
Von dem einen zum dem andern
weiter unbeirrt,
dass das Licht zu einem Zeichen eines
neuen Friedens wird.

5. Dann verspricht, dann verspricht
unser helles Friedenslicht
allen, die den Frieden wollen,
dass vorbei die Nacht.
Voller Hoffnung zeigt sein Leuchten,
dass ein Anfang ist gemacht.

Text: Rolf Krenzer
Musik: Reinhard Horn
Aus: »Friedenslicht aus Bethlehem«
in Kooperation mit der Deutschen
Pfadfinderschaft Sankt Georg, Neuss

Weitere Lieder und Kanons

»Macht hoch die Tür« (EG 1,1–5; GL 107,1–5)
»Wir sagen euch an den lieben Advent« (EG 17,1; GL 115,1, 2 x singen)
»Seht, die gute Zeit ist nah« (EG 18; LJ 28; SL 108 mit etwas anderem Text)
»Wir zünden eine Kerze an« (LJ 318)
»Im Advent, im Advent ist ein Licht erwacht« (SL 110)
»Laudate omnes gentes« (EG 181.6; LJ 126; SL 30)
»Mache dich auf und werde Licht« (EG 91; KG 24; LJ 451; SL 118)
»Er ist die rechte Freudensonn« (EG 2; LJ 14)
»Kündet allen in der Not« (GL 106,1-5)

Kreatives

Bilder zur Geschichte herstellen

▷ *Material:*
Sieben Fotokartons gleicher Größe oder Kartonage in DIN A 1 oder größer. Eventuell eine Seite mit weißem Papier bekleben, damit sie bemalt werden kann.
Ölkreide, Wasserfarben oder Wachsmalkreide.

▷ *Herstellung:*
Sieben Szenen festlegen (wer möchte, kann auch noch mehr Bilder gestalten) und ausgestalten. Darauf achten, dass jede Szene einfach und klar skizziert wird.
1. Bild: Varenka und ihr Haus
2. Bild: Varenka, Pjotr und die Ziege
3. Bild: Varenka und Stjepan und das Bild
4. Bild: Varenka und Bodula
5. Bild: Die vier Menschen im Haus
6. Bild: Die Schneemauer um das Haus
7. Bild: Das Land blüht – es ist Frieden

▶ *Tipp:* Die Bilder können später im Kirchenraum ausgestellt werden oder anderen Gruppen als Bilderbuch zur Verfügung stehen.

Pantomimische Erzählung

Die Erzählung in die Szenen aufteilen wie beim Bilderbuch. Während der Erzählung kommen die vier Personen und zeigen sich den Zuschauern: Varenka, Pjotr, Stjepan und Bodula. Sie tragen folgende Erkennungszeichen: Varenka trägt ein Kopftuch und Pjotr einen Hirtenhut. Stjepan trägt ein Bild unterm Arm und Bodula hat eine aus Papier geschnittene, weiße Taube in der Hand.
Es gibt eine »Hütte«, d.h. einen Platz, wo sich alle hinsetzen können. Varenka geht umher, arbeitet, betet, öffnet nachts das Fenster, hält immer wieder die Hand ans Ohr, weil sie Kanonendonner hört. Am Schluss gehen alle nach Hause, und Varenka hebt freudig die Hände.

▶ *Tipp:* Die Szenen etliche Male durchspielen, damit die Abfolge der Pantomime klar ist.

Zettelaktion

▷ *Raumgestaltung:*
Eine große Pinnwand oder vier Stellwände im Altarbereich und einen Tisch im Eingangsbereich aufstellen, auf dem die Zettel und Stifte in Körbchen bereitliegen und durch Mitarbeiter/innen verteilt werden. Nach dem Gottesdienst daran erinnern, dass die Stifte zurückgelegt werden (oder sie einsammeln).

▷ *Material:*
Kleine Zettel für die voraussichtliche Zahl der Gottesdienstbesucher bereitlegen, ebenso Stifte.
Große Kartonstücke für die vier »Hoffnungskerzen«. Daraus Riesenkerzen zuschneiden (80 cm bis 1 m Höhe, 35–40 cm Breite).
Einige Schachteln/Dosen mit Pinnwandnadeln besorgen.

▷ *Durchführung:*
Mit der Einführung ins Thema (s. Seite 18) werden die Teilnehmer/innen ermutigt, ihre »Hoffnungen« auf die Zettel zu schreiben, nach vorne zu bringen und an eine der Kerzen zu heften. Eine Mitarbeiterin/ein Mitarbeiter assistiert dort, teilt Pinnnadeln aus oder sammelt die Zettel ein und bringt sie an den vier symbolischen Kerzen an.
Die »Hoffnungen« der Teilnehmer/innen werden laut vorgelesen. Der Bibeltext (Jesaja 60,1–3) schließt sich als Lesung an.

Spruchbänder mit Hoffnungsworten

Auf große Papierbahnen werden einige Sprichwörter, Bibelworte oder Lebenshoffnungen geschrieben und im Kirchenraum aufgehängt.

Beispiele für Sprichwörter:

— Die Zukunft braucht nicht unsere Angst, sondern unsere Hoffnung.
— Hoffen und Harren macht manchen zum Narren.
— Dem Menschen eine Hoffnung schenken, heißt seine Kraft verzehnfachen.
— Wer hofft, ist der Herr des Tages.
— Wer hofft, ist ein hoffnungsloser Fall.
— Wer hofft, ist ein Hoffnungszeichen.

Beispiele für Bibelworte:

Jesaja 9,2ff.
Jesaja 9,6
Jesaja 42,3 ff.
Jesaja 60,1+2
1. Korinther 13,13
Epheser 1,17.18

Beispiele für Lebenshoffnungen:
(Mit der Vorbereitungsgruppe erarbeiten)

Wenn ich jung bin, hoffe ich ...
Wenn ich allein bin, hoffe ich ...
Wenn ich alt bin, hoffe ich ...

Wenn ich Streit hatte, hoffe ich ...
Wenn ich erfolglos war, hoffe ich ...
Wenn ich krank bin, hoffe ich ...
Wenn ich Angst habe, hoffe ich ...
Wenn ich mutlos bin, hoffe ich ...
Wenn ich traurig bin, hoffe ich ...
Wenn ich glücklich bin, hoffe ich ...

Projektadressen

Diakonisches Werk der Ev. Kirche in Deutschland, Aktion »Brot für die Welt«, Stafflenbergstraße 76, 70184 Stuttgart. Telefon 0711/2159-0; Telefax 0711/2159-368; Internet: www.brot-fuer-die-welt.de

Bischöfliche Aktion »Adveniat«, Postfach 100152, 45001 Essen. Telefon 0201/1756-0; Telefax 0201/1756-111; Internet: www.adveniat.de

Bischöfliches Hilfswerk Misereor e.V., Mozartstraße 9, 52064 Aachen. Telefon 0241/442-0; Telefax 0241/442-188; Internet: www.misereor.de

Kindernothilfe e.V., Düsseldorfer Landstr. 180, 47249 Duisburg. Telefon 0203/7789-0; Telefax 0203/7789-118; Internet: www.Kindernothilfe.de

CVJM-Gesamtverband in Deutschland, Referat: Internationale Arbeit, Im Druseltal 8, 34131 Kassel. Telefon 0561/3087-252; Telefax 0561/3087-237; Internet: www.cvjm.de

Kindermissionswerk »Die Sternsinger«, Päpstliches Missionswerk der Kinder in Deutschland e.V., Stephanstraße 35, 52064 Aachen. Telefon 0241/4461-0; Telefax 0241/4461-40; Internet: www.sternsinger.de

Literatur

Adventsträume. Geschichten für Kinder zur Advents- und Weihnachtszeit, Gütersloher Verlagshaus, Gütersloh 1981 (nicht mehr lieferbar)

Hermann-Josef Frisch, Mit der Familie Weihnachtsgottesdienste feiern. Weihnachtsgeschichten, Gebete und kreative Umsetzungen für Familiengottesdienste, Gütersloher Verlagshaus, Gütersloh 2003

Edda Reschke, Hoffnungsgrün und Lichterglanz. Mit Kindern Advent und Weihnachten erleben, Lahn Verlag, Limburg/Kevelaer 1999

Varenka, nach einer russischen Legende erzählt und illustriert von Bernadette, Nord-Süd Verlag AG, Gossau Zürich/Schweiz 1971

Varenka, Ton-Bildreihe, München 1984, 13 Min., 12 Dias, f., Zeichnungen, TB 243 (Evangelische Medienzenztrale, Stuttgart, Ev. Medienhaus GmbH, Augustenstraße 124, 70197 Stuttgart. Telefon 0711/22276-67; Telefax 0711/22276-71; Internet: www.evangelisches-medienhaus.de – oder ähnliche Einrichtungen.)

Jörg Zink, Lichter und Geheimnisse, Weihnachtswege nach innen, Kreuz-Verlag, Stuttgart, 2. Auflage 2001

Parkweihnacht

Ein Familiengottesdienst am 4. Advent mit der Erzählung »Felix holt Senf« von Erich Kästner

VOLKER STRAUß

Zum Thema Advent und Weihnachten

Zwischen Advent und Christfest

Der Advent, mit dem ein neues Kirchenjahr beginnt, ist die Zeit der Vorbereitung auf das Christfest. Sie wird durch Besonderheiten bestimmt wie: Lichtersymbolik, Bräuche, Weihnachtsmärkte, Zeit der Geschichten, Basteleien, Geschenke, Gebäck und vieles mehr. Mit dem 4. Advent mündet diese Zeit der Besinnung, des Wartens und Erwartens, die zugleich eine Zeit des Umtriebs geworden ist, in die unmittelbare Vorbereitung auf das Christfest. Kinder öffnen die letzten Türchen am Adventskalender – und dies ist besonders spannend. In den Familien freuen sich die einen schon auf das Fest, die anderen können es kaum erwarten, bis alles vorbei ist. Alle warten in dieser Zeit auf etwas.

Christlich gesprochen warten wir auf die Menschwerdung Gottes. Mit dieser Erwartung verbinden sich zwei Aspekte: Gott wird in einem historischen Augenblick Mensch, und Jesus Christus kommt in der Zukunft als Erlöser, Retter und Heiland der Menschen endgültig wieder. In dieser Spannung zwischen Vergangenheit (Rückbesinnung) und Zukunft (Hoffnung) auf Veränderung kommt Gott und seine besondere Geschichte mit den Menschen in unsere Zeit. Gott kommt zu den Menschen, Gott wird Mensch.

Die biblischen Geschichten im Advent und am Christfest entfalten diese unterschiedlichen Zeitebenen in verschiedenen Variationen. Das Thema Hoffnung ist dabei zentral. Hoffnung auf Trost und auf das Ende von Leiden und Ungerechtigkeit. Es wäre allerdings zu kurz gegriffen, würde man diese Texte unmittelbar in mehr oder weniger politisch korrekte Ethik und Appelle ummünzen. Sie haben natürlich auch mit gesellschaftlichen Veränderungen zu tun. Aber wichtig ist mir, den Zugang zum Zentralen, zur Menschwerdung Gottes immer wieder neu herauszuarbeiten. Menschen sollen durch die Verkündigung und Gottesdienste spüren können, dass Entscheidendes geschehen ist, aber eben nicht nur im historischen Sinn, sondern für sie selbst, hier und heute. Mit Hoffnung im Herzen handeln Menschen anders als ohne sie.

Die Erzähler der Botschaft und ihr Auftrag

Wer die Geschichte von der Menschwerdung Gottes heute erzählt, wird selbst zu einem der Boten (Engel) Gottes, der eine frohe und frohmachende Botschaft zu verkünden hat. Keine leichte Aufgabe, zumal in der Zeit der Vorfreude für manche immer auch bange Erwartungen mitschwingen: Angst vor Enttäuschungen, vor Streit oder vor Einsamkeit. Die Verletzlichkeit des Kindes in der Krippe gibt auch etwas von unserer eigenen Verletzlichkeit in dieser intensiven Zeit preis. Und vielleicht weisen diese menschlichen Erfahrungen von Verletzlichkeit gerade an Weihnachten auf eine wichtige

theologische Erkenntnis hin, dass wir das Wunder des Christfestes eigentlich ohne Kreuz und Auferstehung nicht richtig verstehen können.
Auch das »Kreuz mit Weihnachten« bleibt bei aller feierlichen Stimmung und mancher Rührseligkeit zu bedenken. Und es bleibt zu beachten, auch wenn wir über die Geburt Jesu Christi sprechen: der Gottesdienst, in dem dies im ureigentlichen Sinn gefeiert wird, ist erst der 1. Christfesttag (übrigens auch nicht Heiligabend). Insofern befinden sich Gottesdienste zwischen dem 4. Advent und dem Christfest immer auch ein wenig zwischen den Zeiten und können als Gelegenheit betrachtet werden, nicht ganz und gar im Strom der Weihnachtsidylle mitzuschwimmen, sondern eine ganz eigene und unerwartete Note anzustimmen.

Religionspädagogische Überlegungen

Kaum ein anderer Gottesdienst im Jahr ist – nach meiner Erfahrung – derart mit emotionalen Erwartungen belegt wie die weihnachtliche Gottesdienstfeier im Park unter freiem Himmel. Sie bietet viele Anknüpfungspunkte. Für Kinder wie Erwachsene ist das Kind in der Krippe wichtigster Bezugspunkt und Zentrum gepflegter Weihnachtsidylle. Doch kann es dabei nicht bleiben, wenn die Geschichte wahr erzählt werden soll. Das Christfest kann m.E. deshalb nicht als religiöses Freilichtspiel entfaltet werden. Es wäre eine verpasste Gelegenheit, wenn nicht auch der religiöse Aspekt der Menschwerdung und Erlösung durch Jesus zur Sprache käme. Was kann Rettung bedeuten, Glück, Erlösung? Christfest ist ja nicht nur Erinnerung, sondern Feier der Anwesenheit Gottes in der Gegenwart. Denn das Christkind wird größer und erwachsen. Damit kommen Tod und Auferstehung automatisch wieder in den Blick. Die Geburt des Kindes kann nur bedeuten, dass Menschen etwas radikal Gutes geschieht. Vielleicht darf man auch von einer deutlich verbesserten Lebensqualität sprechen. Insofern gibt es gute Gründe, sich sowohl inhaltlich als auch bei der Gestaltung des äußeren Rahmens auf grundlegende Aspekte zu beschränken. Weniger ist mehr!

Methodische Überlegungen

In der Weihnachtszeit feiern so viele Menschen die christlichen Gottesdienste mit wie kaum sonst im Verlauf des Jahres, darunter auch viele Familien mit Kindern und Jugendlichen. Die Gottesdienste in dieser Zeit gehören zu den prägenden Erlebnissen kirchlichen Handelns. Nicht zu Unrecht wird in den Gemeinden viel Zeit und Engagement in die Vorbereitung und Durchführung dieser Gottesdienste gesteckt.
Obwohl ringsum aufwändig gestaltete Gottesdienste und Krippenspiele in trockenen und warmen Räumen gefeiert werden, kommen in unserer Gemeinde zu diesem Gottesdienst am 4. Advent bei jedem Wetter zwischen 100-300 Menschen. Die Besonderheit ist, dass wir im Stuttgarter Killesbergpark einen »ständigen Ort« haben, nämlich das »Tal der Rosen« (in der kalten Jahreszeit eine geschützte Fläche).
Für viele ist es Treffpunkt mit Tradition. Für manche eine willkommene Abwechslung, für andere Ersatz für Heiligabend, weil man da wegfährt. Für wieder andere ist es die Möglichkeit, näher an der Geschichte dran zu sein. Vielleicht möchten die Leute die Geschichte von der Geburt Jesu so ähnlich erleben, wie es in der Bibel geschildert ist: Draußen in der Einsamkeit, in

bescheidenen Verhältnissen, in der Dunkelheit. Während des Gottesdienstes ist es tatsächlich dunkel. Wir feiern ihn am 4. Advent um 17 Uhr. Gewöhnlich ist es kalt, nass und windig. Eigentlich kein Wetter, bei dem man unbedingt raus geht. Und trotzdem kommen viele, darunter zahlreiche Kinder und Jugendliche.

Didaktische Überlegungen

Ich habe in den Gottesdiensten gute Erfahrungen damit gemacht, biblische Texte zu lesen und ihnen ein Gedicht oder eine Geschichte an die Seite zu stellen. Diese habe ich nur mit einigen wenigen Sätzen ausgelegt. Eine ausgearbeitete Predigt kann im vorgestellten Rahmen relativ kurz gehalten werden. Bei entsprechender Witterung sollte auf jeden Fall die Zeit von 45 Minuten für den Gottesdienst nicht überschritten werden.
Ansonsten hält sich die Liturgie an den üblichen Gottesdienstablauf. Eine vertraute liturgische Form vorzufinden, vermittelt ein Gefühl von Geborgenheit und Heimat. Das ist nicht nur wegen der Kinder wichtig, die zu diesem Gottesdienst kommen, sondern auch im Blick auf die eher Kirchenfernen, die an Weihnachten teilnehmen. Die Gebete sind manchmal gereimt, und auch ein theologisch kluges und hintergründiges Wort von Heinz Erhardt kann hier seinen Platz finden.
Warum habe ich Erich Kästners Geschichte »Felix holt Senf« ausgewählt? Weil sie Kinder, Jugendliche und Erwachsene gleichermaßen abholt und das Thema Erlösung be-greifbar macht. Praktisch ist ein Heft »Weihnachten bei uns zu Hause und in der Kirche – Lieder und Texte« vom Amt für Öffentlichkeitsarbeit der Nordelbischen Kirche (s. Bestellhinweis auf der rechten Seite). Hier finden sich Lieder und Texte in gedruckter und damit in wetter- und wasserfester Form. Es enthält auch Bilder für Meditationen, die ich nicht benutze, weil die Lichtverhältnisse dies nicht sinnvoll erscheinen lassen. Aber ich weise gerne darauf hin, weil die Hefte sehr schön gestaltet, gut geeignet und erschwinglich sind.
Selbst kopierte Liedblätter sind bei einer solchen Parkweihnacht absolut ungeeignet. Außerdem braucht man Lichter (z.B. Windlichter, wie sie bei uns auch an Ostern verwendet werden), damit die Gottesdienstteilnehmer/innen mitsingen können. Die musikalische Umrahmung bedarf eines tüchtigen Posaunenchors oder einer Musikgruppe, die ähnlich gut einen Gottesdienst im Freien mitgestalten kann.

Gottesdienstablauf

Vorspiel der Bläser: »Macht hoch die Tür« (EG 1; GL 107)
Begrüßung und liturgischer Gruß (Votum)
Lied: »Wie soll ich dich empfangen« (EG 11,1-3) oder »Komm, du Heiland aller Welt« (GL 108,1-3)
Gebet (s. Seite 35)
Lied: »Ist es noch weit nach Bethlehem?« (s. Seite 35)
Lesung: Weihnachtsgeschichte nach Lukas 2,1-20
Lied: »Hört der Engel helle Lieder« (EG 54) oder »Engel auf den Feldern singen« (Verse 1-4; Text von Maria Luise Thurmair-Mumelter zu »Hört, der Engel helle Lieder«)
Geschichte »Felix holt Senf« und Gedanken dazu (s. Seite 33ff.)
Lied: »Tochter Zion« (EG 13,1-3) oder »Wachet auf, ruft uns die Stimme« (EG 147,1-3; GL 110,1-3)
Gebet

Vaterunser
Segen
Lied: »O du fröhliche« (EG 44,1-3) oder »Gott, heilger Schöpfer aller Stern« (EG 3,1-3; GL 116,1-3)
Posaunenchor Nachspiel: »Gelobet seist du, Jesus Christ« (EG 23; GL 130)

Wenn es die Witterung erlaubt, schließt sich ein fröhliches Beisammensein bei Glühwein, Kinderpunsch und Gebäck an.

Material- und Checkliste

Vorbereitungen

Organisation

— Die Terminierung des Gottesdienstes mit Posaunenchor oder Musikgruppe absprechen Lieder möglichst Ende Oktober dem Chorleiter bekannt geben.
— Die zuständige Behörde wegen der Flächennutzung bzw. über die Art der Veranstaltung informieren (ggf. Genehmigungen einholen).
— Opferzweck vorher mit dem Kirchengemeinderat abstimmen.
— Konfirmandinnen und Konfirmanden (Firmlinge) oder andere an der Durchführung beteiligen.
Aufgaben: Sprecherrollen, Gebete sprechen, Lichter und Liedzettel verteilen, das Opfer einsammeln, nach Abschluss das Gelände aufräumen und/oder das Material zurückbringen.
— Laternen oder Lampions sind neben den Windlichtern als Dekoration ganz schön, Fackeln für die Posaunisten (oder Musiker) in ausreichender Zahl bestellen und eine entsprechende Anzahl von »Fackelträgern« bestimmen (Gottesdienstteilnehmer/innen anfragen), damit die Noten gut zu sehen sind.
— Wenn die Teilnehmerzahl 100 Personen überschreitet, ist ein tragbarer Lautsprecher mit Funkmikrofon vorteilhaft. Dafür rechtzeitig Abholung und Miete vereinbaren, außerdem Akkus und Batterien sorgfältig überprüfen.
— Am Tag selbst den Platz vorbereiten und evtl. ein Stehpult oder einen Notenständer als »Kanzel« mitnehmen. Den Platz mit Fackeln oder Windlichtern ausleuchten. Bei der Einholung der Veranstaltungsgenehmigung unbedingt auf diese geplante Beleuchtung hinweisen. Brandschutzmaßnahmen ggf. auch mit der örtlichen Feuerwehr abstimmen.

Werbung

— Informationen rechtzeitig an die Presse oder an kirchliche Mitteilungsblätter durchgeben. Häufig wird in der lokalen Presse eine Zusammenstellung aller Gottesdienste erarbeitet.
— Handzettel rechtzeitig vorbereiten. Der Hinweis auf warme, regenfeste Kleidung ist wichtig.
— Bei der Ankündigung im Gemeindebrief ist auch auf das Mitbringen von Glühwein, Kinderpunsch und Gebäck für den Ausklang des Gottesdienstes hinzuweisen, wenn dies nicht von der Kirchengemeinde organisiert wird.

Bestellhinweise für Materialien

Spätestens im Oktober Bestellung des o.g. Lied- und Textheftes: »Weihnachten bei uns zu Hause und in der Kirche« beim:
Amt für Öffentlichkeitsarbeit der Nordelbischen Ev.-Luth. Kirche
Feldbrunnenstraße 29, 20148 Hamburg
Telefon 040/41 23 24-0; Telefax 040/41 32 24-17; Internet: www.kirchenshop-online.de

Bestellung der Lichter (Osterlichter) ebenfalls spätestens im Oktober.

Plakat »Wald-Weihnacht« im Format DIN A3 ist zu beziehen bei:
Kirche im Grünen
Ev. Gemeindedienst für Württemberg
Postfach 10 13 52
70012 Stuttgart

▷▷▷

■ Bausteine

Begrüßung

Es treibt der Wind im Winterwalde

Es treibt der Wind im Winterwalde
die Flockenherde wie ein Hirt,
und manche Tanne ahnt, wie balde
sie fromm und lichterheilig wird
und lauscht hinaus. Den weißen Wegen
streckt sie die Zweige hin – bereit,
und wehrt dem Wind und wächst entgegen
der einen Nacht der Herrlichkeit.
(Rainer Maria Rilke)

So geht es auch uns heute Abend. Auch ohne weiße Wege ist es für uns deutlich: Es ist Weihnachten. Das Christfest naht, wird nah, kommt näher, und wir wachsen dieser heiligen Zeit entgegen. Wir hoffen auf eine gute, herrliche Zeit, nicht nur heute Abend bei dieser »Parkweihnacht«, sondern auch daheim in den kommenden Tagen.
Wir wünschen uns festliche, gute Zeiten, während wir auf Gott warten, und ich möchte heute Abend in ganz unterschiedlicher Weise mit Geschichten, Liedern und Gebeten der Frage nachspüren, wie das aussieht mit der Zeit vor und an und nach Weihnachten.

Statt des Rilke-Gedichtes kann man auch einführen mit:

Der Karpfen kocht, der Truthahn brät

Der Karpfen kocht, der Truthahn brät,
man sitzt im engsten Kreise
und singt vereint den ersten Vers
manch wohlvertrauter Weise.
Zum Beispiel »O du fröhliche«,
vom »Baum mit grünen Blättern« –
und aus so manchem Augenpaar
sieht man die Träne klettern.
Die Traurigkeit am Weihnachtsbaum
ist völlig unverständlich:
man sollte lachen, fröhlich sein,
denn ER erschien doch endlich!
Zu Ostern – da wird jubiliert,
manch buntes Ei erworben!
Da lacht man gern – dabei ist ER
erst vorgestern gestorben ...

Felix holt Senf

Es war am Weihnachtsabend im Jahre 1927 gegen sechs Uhr, und Preissers hatten eben beschert. Der Vater balancierte auf einem Stuhl dicht vorm Weihnachtsbaum und zerdrückte die Stearinflämmchen zwischen den angefeuchteten Fingern. Die Mutter hantierte draußen in der Küche, brachte das Essgeschirr und den Kartoffelsalat in die Stube und meinte: »Die Würstchen sind gleich heiß!« Ihr Mann kletterte vom Stuhl, klatschte fidel in die Hände und rief ihr nach: »Vergiss den Senf nicht!« Sie kam, statt zu antworten, mit dem leeren Senfglas zurück und sagte: »Felix, hol Senf! Die Würstchen sind sofort fertig.« Felix saß unter der Lampe und drehte an einem kleinen billigen Fotoapparat herum. Der Vater versetzte dem Fünfzehnjährigen einen Klaps und polterte: »Nachher ist auch noch Zeit. Hier hast du Geld. Los, hol Senf! Nimm den Schlüssel mit, damit du nicht klingeln brauchst. Soll ich dir Beine machen?«
Felix hielt das Senfglas, als wolle er damit fotografieren, nahm den Schlüssel und lief auf die Straße. Hinter den Ladentüren standen die Geschäftsleute ungeduldig und fanden sich vom Schicksal ungerecht behandelt. Aus den Fenstern aller Stockwerke schimmerten die Christbäume. Felix spazierte an hundert Läden vorbei und starrte hinein, ohne etwas zu sehen. Er war in einem Schwebezustand, der mit Senf und Würstchen nichts zu tun hatte. Er war glücklich, bis ihm vor lauter Glück das Senfglas aus der Hand aufs Pflaster fiel. Die Rollläden prasselten an den Schaufenstern herunter und Felix merkte, dass er sich seit einer Stunde in der Stadt herumtrieb. Die Würstchen waren längst geplatzt! Er brachte es nicht über sich, nach Hause zu gehen. So ganz ohne Senf! Gerade heute hätte er Ohrfeigen nicht gut vertragen.
Herr und Frau Preisser aßen die Würstchen mit Ärger und ohne Senf. Um acht wurden sie ängstlich. Um neun liefen sie aus dem Haus und klingelten bei Felix' Freunden. Am ersten Weihnachtsfeiertag verständigten sie die Polizei. Sie warteten drei Tage vergebens. Sie warteten drei Jahre vergebens. Langsam ging ihre Hoffnung zugrunde, schließlich warteten sie nicht mehr und versanken in hoffnungsloser Traurigkeit.
Die Weihnachtsabende wurden von nun an das Schlimmste im Leben der Eltern. Da saßen sie schweigend vorm Christbaum, betrachteten den kleinen billigen Fotoapparat und ein Bild ihres Sohnes, das ihn als Konfirmanden zeigte, im blauen Anzug, den schwarzen Filzhut keck auf dem Ohr. Sie hatten den Jungen so lieb gehabt, und dass der Vater manchmal eine lockere Hand bewiesen hatte, war doch nicht böse gemeint, nicht wahr? Jedes Jahr lagen die zehn alten Zigarren unterm Baum, die Felix dem Vater damals geschenkt hatte, und die warmen Handschuhe für die Mutter. Jedes Jahr aßen sie Kartoffelsalat mit Würstchen, aber aus Pietät ohne Senf. Das war ja auch gleichgültig, es konnte ihnen doch niemals schmecken.
Sie saßen nebeneinander, und vor ihren weinenden Augen verschwammen die brennenden Kerzen zu großen glitzernden Lichtkugeln. Sie saßen nebeneinander, und er sagte jedes Jahr: »Diesmal sind die Würstchen aber ganz besonders gut.« Und sie antwortete jedes Mal: »Ich hol dir die von Felix noch aus der Küche. Wir können jetzt nicht mehr warten.«

Doch um es rasch zu sagen: Felix kam wieder.
Das war am Weihnachtsabend im Jahre 1932 kurz nach sechs Uhr. Die Mutter hatte die heißen Würstchen hereingebracht, da meinte der Vater: »Hörst du nichts? Ging nicht eben die Tür?« Sie lauschten und aßen dann weiter. Als jemand ins Zimmer trat, wagten sie nicht, sich umzudrehen. Eine

zitternde Stimme sagte: »So, da ist der Senf, Vater.« Und eine Hand schob sich zwischen den beiden alten Leuten hindurch und stellte wahrhaftig ein gefülltes Senfglas auf den Tisch.
Die Mutter senkte den Kopf ganz tief und faltete die Hände. Der Vater zog sich am Tisch hoch, drehte sich trotz der Tränen lächelnd um, hob den Arm, gab dem jungen Mann eine schallende Ohrfeige und sagte: »Das hat aber ziemlich lange gedauert, du Bengel. Setz dich hin!«
Was nützte der beste Senf der Welt, wenn die Würstchen kalt werden? Dass sie kalt wurden, ist erwiesen. Felix saß zwischen den Eltern und erzählte von seinen Erlebnissen in der Fremde, von fünf langen Jahren und vielen wunderbaren Sachen. Die Eltern hielten ihn bei den Händen und hörten vor Freude nicht zu.
Unterm Christbaum lagen Vaters Zigarren, Mutters Handschuhe und der billige Fotoapparat. Und es schien, als hätten fünf Jahre nur zehn Minuten gedauert. Schließlich stand die Mutter auf und sagte: »So, Felix, jetzt hol ich dir deine Würstchen.«

Erich Kästner

Predigtgedanken zu »Felix holt Senf«

Nachdenklich stimmt diese Erzählung von Erich Kästner. Ein Glück, sagen wir, dass der Sohn Felix doch noch kommt, und mit ihm auch wieder das Glück in die Familie zurückkehrt. Was muss den Eltern die Zeit lang geworden sein, in Fragen und Vorwürfen, in Ungewissheit, zwischen Verzweiflung und Hoffnung hin und her gerissen. Man hat fast den Eindruck, als ob dann an Weihnachten die Zeit stehengeblieben wäre, bis zur wohl längst überfälligen Heimkehr des verloren geglaubten Sohnes. Aber nicht nur die Zeit, sondern das Leben beginnt wieder anders zu laufen. Was ist Entscheidendes passiert? Den Eltern ist mit der Ankunft des Sohns Felix das eigene Christkind in der Wohnstube erschienen. Nicht nur das Glück, sondern Gott selbst in menschlicher Gestalt. Wer von uns kann sich das vorstellen: den Augenblick des Glücks, der Erlösung von allen inneren Fragen, Qualen und Schmerzen.
Genau das meint die Adventszeit: Warten auf Erlösung und Glück. Dann auch Weihnachten: Erfüllung dieses Glücks. Warten im Dunkeln auf das Licht, wie das Volk, das im Finstern wandelt, auf ein Licht wartet. Weihnachten heißt: wir warten auf die Erlösung, die wir alle brauchen, wir warten auf das gute Wort, auf die freundliche Geste. Gott kommt endlich immer näher. So ist dann Weihnachten immer wieder, alle Jahre wieder, die eine und ganz besondere Zeit. Nämlich die Zeit, in der Gottes Wahrheit in unser Leben gegeben ist, wie wenn aus Wasser Wein wird und aus Tränen der Trauer Glückstränen werden. Was für ein Glück, dass sein Sohn in jener Nacht erschienen ist.

Lesungen und Gebete

Lesungen: Jesaja 9, 1.5.6 und Lukas 2, 1–20

Votum/liturgischer Gruß

Wir feiern Gottesdienst unter dem freien Himmel,
wir feiern Gottesdienst im Namen dessen,
der Himmel und Erde gemacht hat,
im Namen Gottes, des Vaters und des Sohnes und des heiligen Geistes.

Eingangsgebet

Gott, wir wünschen uns in dieser Zeit alle möglichen Gaben,
gib du uns von dem, was die meisten nicht haben.

Gib uns Zeit, uns zu freuen und zu lachen,
und dass es was nützt und wir daraus etwas machen.

Gib uns Zeit für gutes Tun und richtiges Denken,
nicht nur für uns selbst, sondern auch zum Verschenken.

Gib uns Zeit nicht zum Hasten und Rennen,
sondern die Zeit zum Zufriedenseinkönnen.

Gib uns Zeit, nicht um sie uns zu vertreiben,
sondern so, das sie möge übrig bleiben
als Zeit zum Staunen und Vertrauen,
anstatt nach der Zeit und Uhr nur zu schauen.

Überleitung zum Lied: »Ist es noch weit nach Bethlehem?«

Zeit haben oder keine haben, immer ist damit auch die Angst verbunden, etwas zu verpassen, nicht rechtzeitig anzukommen, nicht dabei zu sein, wenn etwas Wichtiges passiert. Unser nächstes Lied handelt davon, von der Ungeduld, und stellt ganz ungeduldig die Frage: Ist es noch weit? Wir wollen es als Wechselgesang zwischen Männern und Frauen singen.

Ist es noch weit nach Bethlehem?

(Wechselgesang in zwei Gruppen. Die Versteile mit Fettdruck werden von der 2. Gruppe gesungen.)

2. Wisst ihr, wer da geboren ist? Christus, der Herr!
Stimmt es, dass er ein König ist? Weiß keiner mehr!

3. Was singen all die Leute da? Gloria!
Und alle Engel fern und nah? Halleluja!

▷▷▷

Schlussgebet

Gott, wir bitten dich, lass uns Zeit,
damit wir nach den Sternen greifen,
Zeit, um zu wachsen und zu reifen.

Gott, gib uns und allen Menschen Zeit, neu zu hoffen und neu zu lieben,
denn es macht keinen Sinn, diese Zeit zu verschieben.

Gott, gib uns und der ganzen Welt Zeit, zu dir zu finden,
jeden Tag und jede Stund als Glück zu empfinden.
Gott, gib uns und anderen Zeit, auch um Schuld zu vergeben,
und dann besonders viel Zeit zum Leben.

Gebetstext in Anlehnung an ein Gedicht von Elli Michler »Ich wünsche dir Zeit«. Originalgedicht in: Elli Michler, »Dir zugedacht, Wunschgedichte«

Das macht stark

Ein Neujahrsempfang mit Gästen und Erlebnisräumen für Kinder von 6–12 Jahren zum Jahresbeginn

Astrid Riehle

Weshalb ein »Neujahrsempfang«?

Angesichts der vielen Drucksituationen, denen Kinder heute ausgesetzt sind, will der Gottesdienst den Kindern Mut machen, gestärkt und hoffnungsvoll in das neue Jahr zu gehen.
Kinder haben in der Schule ein volles Lernprogramm. Privat nehmen sie an Aktivitäten teil, die Kraft kosten und einen großen Teil ihrer Freizeit in Anspruch nehmen.
Kinder leiden auch unter konkreten Ängsten: Die Eltern streiten sich und reden von Trennung, Familienmitglieder erkranken, das Geld ist knapp, Versagensängste nehmen die Freude am Lernen und an der Schule. Globale Katastrophen, Kriege und Gewalt in den Medien und im wirklichen Leben beschäftigen und beunruhigen sie.
Erwachsene, allen voran die Eltern, haben oft wenig Zeit, den Kindern zuzuhören, sich mit ihnen über ihre Fragen und Sorgen auszutauschen.
Kinder müssen spüren, dass sie nicht allein gelassen sind: Einerseits brauchen sie Menschen, die zu ihnen stehen und ihnen Halt geben. Andererseits sollen sie Vertrauen gewinnen in Gott, der unsichtbar nahe und dessen Liebe beständig ist. Beides sollen sie im Raum der Kirche hören, schmecken und fühlen.

Was wir weitersagen

Im Neuen Testament lesen wir, dass Jesus einmal alles andere zurückstellt, um Kinder in den Arm zu nehmen und sie zu segnen (Markus 10,13–16). Gesten Jesu, die zum Ausdruck bringen:
Du bist meine und Gottes ganze Aufmerksamkeit wert! Ich bin dir nahe, ich sehe dich an. Gottes Liebe gilt dir. Im Segen schenkt er dir, was du brauchst, um stark zu werden. In seiner Nähe schrumpft deine Angst. Du kannst vertrauensvoll weitergehen.
Diese Erzählung von der Kindersegnung, die Aufmerksamkeit und die guten Wünsche erwachsener Personen aus dem öffentlichen Leben, die Gemeinschaft in Gottesdienst und Aktion sollen Kinder am Jahresanfang stärken. Im Raum der Kirche sollen sie erfahren: hier ist gut sein, hier werde ich gesehen und bin gut angesehen. Hier ist eine Quelle der Freude und Kraft.

Der Neujahrsempfang im Leben der Gemeinde

Die Kinderbibeltage liegen in unserer Gemeinde Holzhausen gewöhnlich erst zehn Wochen zurück. Sie sind den Kindern als Höhepunkt im Gemeindeleben noch in Erinnerung. Die Lieder, begleitet von der Band, begeistern und laden ein, wieder gesungen zu werden.

Die Idee des Neujahrsempfangs für Kinder und ihre Familien entstand bei einem Strategietreffen der Mitarbeiter/innen der Kinderkirche, das unter dem Motto »Mit neuem Schwung ins Jahr« stand. Es hat tatsächlich neuen Schwung in die Kinderkirchen gebracht: Die Verzahnung des Neujahrsempfangs mit dem sonntäglichen Kindergottesdienst durch das selbst gemachte Buch »Das macht mich stark«, war sinnvoll. Die sechs folgenden Sonntage im Kindergottesdienst standen weiter unter diesem Thema. Dazu wurden Geschichten erzählt und jeweils eine weitere Seite des Buches gestaltet. Es kamen etliche Kinder im Anschluss an den Neujahrsempfang in die Kinderkirche, die vorher noch nie gesehen wurden, einige sind geblieben, bis das Buch fertiggestellt war, andere sind noch heute dabei.

Der Neujahrsempfang im Überblick

Thema: »Das macht mich stark« oder »Stark werden Kinder nicht von Müsli allein«
Gestaltung: Gottesdienst mit Gästen und Erlebnis-Phase
Text: Jesus segnet die Kinder (Markus 10,13-16)
Termin: Ein Sonntag Anfang bis Mitte Januar
Ort: Gemeindehaus oder Kirche mit Nebenräumen
An der Vorbereitung und Durchführung beteiligte Personen: Mitarbeiter/innen der Kinderkirche, Band unserer Kinder-Bibel-Tage, Pfarrer/in.
Gäste: Personen aus dem öffentlichen Leben, z.B.: Ortsvorsteher/in (Bürgermeister/in), Polizist/in, Kinderärztin oder Kinderarzt, Rektor/in, Schulbäcker/in
(Möglich wären auch Feuerwehrmann, Sportler oder andere Berufsgruppen, die für Kinder im Bewusstsein und spannend zugleich sind.)

Vorbereitungen

Material und Checkliste

Werbung
— Plakate, die in Schulen und Geschäften ausgehängt werden.
— Es lohnt sich, die lokale Presse im Vorfeld über die neue Idee zu informieren, so dass am Samstag eine Ankündigung und in der darauf folgenden Woche ein Bericht mit Bild erscheint.
— Briefe an alle Eltern (s. Seite 46) schicken.
— Briefe an Personen des öffentlichen Lebens mit der Bitte, sich an diesem besonderen Gottesdienst zu beteiligen (s. Seite 47).

Für die Erlebnisräume
— Jojoba-Öl zur Salbung in Tongefäßen
— Saft in Bechern und Fladenbrot
— Vier Stationstische mit Zetteln und Stiften
— Pinnwände, auf denen Wünsche der Kinder an Erwachsene gesammelt werden.
— Ein siebenseitiges Buch (DIN A 4) aus weißen Blättern für jedes Kind.
Nur die erste Seite des Buches ist bereits bedruckt mit dem Motiv der Kindersegnung Jesu (s. Seite 48).
— Vier Stempel aus Moosgummi, die zusammen den Titel ergeben: Das macht mich stark. (in zweifacher Ausfertigung wegen der Menge der Leute)
Boxsäcke, Hometrainer und diverse Sportgeräte für den Kraftraum.

Gottesdienstablauf

Eingangsmusik: Lied der Band
Begrüßung
Lied: »Ein jeder kann kommen« (s. Seite 40)
Gebet (s. Seite 41)
Psalmgebet aus Psalm 31 und 71 (s. Seite 41)
Hinführung zu den Grußworten
Grußworte der Gäste (Redezeit: jeweils drei Minuten)

Lied: nach jedem Grußwort bedanken sich die Kinder mit »Einfach spitze, dass du da bist« (s. Seite 43)
Erzählung: »Jesus macht die Kinder stark« (s. Seite 44)
Lied: »Wir sind die Kleinen in den Gemeinden« (LJ 428; SL 185)
Aktionen
Anwälte (s. unten »Aktionen«) und Kinder tragen Wünsche/Erwartungen der Kinder an Erwachsene vor.
Fürbittegebet (s. Seite 41, falls nicht als Psalmgebet verwendet)
Lied: »Vater unser« (LJ 131) oder »Vater unser« (SL 76, Peter Janssens)
Abkündigungen, z.B. Einladung: Buch-Aktion der Kinderkirche,
Dank an alle Mitarbeiter/innen und Gäste
Segen

Das macht mich stark

NEUJAHRSEMPFANG
für
Kinder und Familien

am ....
im Gottesdienst der
....
mit Band und Gästen
und vielem, was stark macht.

Es laden ein:

Aktionen

Ankündigung der Aktionsphase: »Alles, was uns stark macht« in verschiedenen Räumen der Kirche.
(Dauer: 30 Minuten. Ein Gong ruft alle wieder zusammen.)

● **Der Segen Gottes macht uns stark**
Kindersegnung (Salbung mit oder ohne Öl auf die Stirn) auch für Erwachsene.

● **Gemeinsam essen und trinken gibt uns Kraft**
Saft und Brot werden in Gruppen gereicht, keiner muss für sich selber sorgen, alle empfangen.

● **Wir dürfen unsere Meinung sagen**
Anwälte der Kinder sammeln Erwartungen und Wünsche an die Erwachsenen auf Zetteln.

● **Wir schreiben ein starkes Buch**
Auf die erste Seite des persönlichen Kiki-Buches mit dem Ausmalbild »Jesus segnet die Kinder« stempelt jedes Kind den Titel: Das macht mich stark.

● **Wir trainieren im Kraftraum**
In einem gesonderten Gruppenraum sind Boxsäcke und diverse Sportgeräte aufgestellt.

■ Bausteine

Begrüßung

Liebe Kinder, lieber Erwachsene,

wir empfangen euch heute mit einem ganz besonderen Gottesdienst im neuen Jahr. Herzlich willkommen!

(Es besteht die Möglichkeit, verschiedene Gruppen, Klassen oder Teilorte mit unterschiedlichen Zurufen zur gegenseitigen Begrüßung zu ermuntern: »Hallo!«, »Guten Morgen!« u.ä.)

Wir, die Mitarbeiter/innen (Namen aufzählen) haben uns überlegt, was wir brauchen, um mutig ins neue Jahr zu gehen. Wir haben erkannt: Alle, auch die Kleinsten in unserer Gemeinde, brauchen Stärke und Kraft. Denn schon die kleinen Leute müssen in den kommenden zwölf Monaten große Aufgaben bewältigen. Ich will nur ein paar Beispiele nennen: In der Schule schreibt ihr Klassenarbeiten. – Privat seid ihr zum Teil ausgebucht mit Musikschule und Sport und anderen Tätigkeiten. – Die Viertklässler müssen in diesem Jahr entscheiden, auf welche Schule sie ab der fünften Klasse gehen werden.– Im neuen Jahr werdet ihr auch streiten müssen: mit den Geschwistern, den Eltern, den Freundinnen und Freunden. – Vielleicht macht ihr mal 'ne

Dummheit, für die ihr gradestehen müsst. – Ihr müsst auf jeden Fall ein bis zweimal zum Zahnarzt!
Das ist nur ein Bruchteil dessen, was ihr erleben werdet und wofür ihr Kraft und Stärke braucht. Aber wie geht das – stark werden? Wie bekommt man Kraft?
Wir sind der Meinung: »Stärke bekommen Kinder nicht von Müsli allein.«
Darum bieten wir euch heute sieben Dinge an, von denen wir glauben, dass sie euch stark machen.

Als **erstes** wollen wir euch sagen: **Ihr seid willkommen – jeder so, wie er ist.**
Wo man willkommen ist, kann man Kraft schöpfen und es sich gutgehen lassen.
Davon singen wir jetzt in dem Lied: »Ein jeder kann kommen ...«

Ein jeder kann kommen

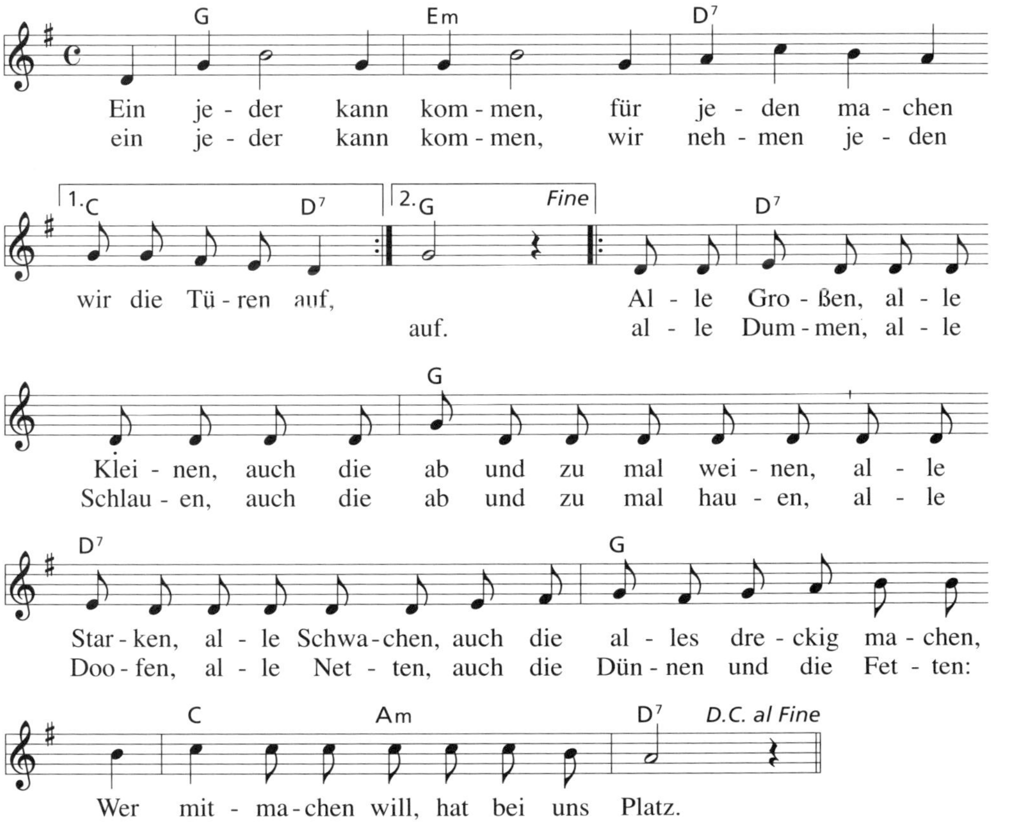

Gebete

Hinführung zum Gebet

Das **Zweite**, was stark macht, ist, dass wir glauben, dass **jeder und jede Einzelne für Gott ganz wichtig** ist. Auch wenn sonst keiner mehr zu mir hält, Gott bleibt mir treu!
Mit dieser Überzeugung beten wir jetzt. Steht dazu bitte auf!
Beim Beten wird gleich jeder seinen Namen sagen. Wir sagen gemeinsam: Ich heiße … Und dann nennt jeder seinen Namen ...
(**Probe**: *Gemeinsam sagen wir: Ich heiße ...*)

Gebet

Da sind wir, Gott. Du kennst uns alle mit Namen.
Heute wollen wir uns nicht verkrümeln, sondern uns zeigen.
Darum sprechen wir laut aus, wer wir sind:
Wir sagen dir, wie wir heißen. Gemeinsam sprechen wir:
Ich heiße ...

Gott, du sagst: »Ich habe dich bei deinem Namen gerufen,
du gehörst zu mir.«
Wir sehen dich nicht und vertrauen dennoch darauf:
Du bist unser Freund, du bist für uns da.
Das macht uns stark. Wie wunderbar.

Nach: Elke Kästel, Du bist da, Gebete zum Plan für den Kindergottesdienst 2000, Verlag Junge Gemeinde, Leinfelden-Echterdingen 1999, S.78

Hinführung zum Psalm
Den Kehrvers sprechen wir gemeinsam. Dazwischen hören wir, wie es Kindern manchmal ergeht. Der Kehrvers heißt:
Gott, auf dich traue ich, denn du bist meine Stärke.

Psalmgebet (nach Psalm 31 und Psalm 71)

Gott, auf dich traue ich, denn du bist meine Stärke.

Manchmal ist es am sichersten,
genauso zu sein wie die anderen,
genau das zu tun, was die anderen auch tun:
Mitlachen, wenn alle anderen einen Trottel gefunden haben,
wegsehen, wenn jemand verprügelt wird,
weghören, wenn jemand beleidigt wird,
stillschweigen und das Lob einstecken,
das eigentlich ein anderer verdient hat.
Wer sich anpasst, kommt leichter durchs Leben.

Wenn mir der Mut fehlt, zu sagen, was ich denke,
wenn mir der Mut fehlt, zu tun, was richtig ist,
wenn mir der Mut fehlt, ich selbst zu sein,
dann hilf du mir zu sagen:

Gott, auf dich traue ich, denn du bist meine Stärke.

Manchmal ist es gar nicht schwer,
anders zu sein als die anderen.
Wenn mir etwas gelingt,
wenn dann andere erkennen, was ich kann,
ganz ohne Neid,
dann werde ich rot vor Freude!
Dann kann ich jubeln und lachen!

Wenn ich mich dann sonnen will in meinem Glanz,
dann behüte du mich, Gott!

Dann lass mich nicht vergessen,
wem ich meine Gaben verdanke!
Dann hilf du mir zu sagen:

Gott, auf dich traue ich, denn du bist meine Stärke.

Manchmal stehe ich auch ganz alleingelassen da.
Die anderen lachen mich aus,
wenn ich da nicht mitmache, wo alle anderen hinlaufen,
wenn sie nicht verstehen können, was mir Freude macht,
wenn sie Spaß haben können auf meine Kosten.
Dann tun sie mir weh mit ihren Worten.

Und manchmal fliegen die Worte wie Fausthiebe,
wenn ich nicht nach ihrer Pfeife tanze,
wenn mir etwas anderes wichtiger ist als ihnen,
wenn ich das tue, was ich tun möchte,
wenn ich das tun möchte, was dir gefällt.
Dann muss ich schlucken. Dann kämpfe ich mit den Tränen.
Dann hilf mir dennoch zu sagen:

Gott, auf dich traue ich, denn du bist meine Stärke.

Nach: Elke Kästel, Du bist da, Gebete zum Plan für den Kindergottesdienst 2000, Verlag Junge Gemeinde, Leinfelden-Echterdingen, 1999, S.79

Die Grußworte

Gute Wünsche für das neue Jahr ist das **Dritte**, was euch begleiten wird. Wir haben dazu fünf Erwachsene eingeladen. Jeder von ihnen hat einen anderen Beruf. Manche kennt ihr, andere lernt ihr jetzt vielleicht erst kennen. Diese fünf haben sich schon Tage lang den Kopf zerbrochen, was sie euch wünschen wollen.
Sie sollten überlegen: ***Was brauchen Kinder aus ihrer Sicht, damit sie stark werden und unbeschadet durchs neue Jahr kommen?***

(Begrüßung der Gäste. Sie überbringen ihre Neujahrswünsche.)

Unser erster Gast ist Rektor und Lehrer. Über ihn habe ich aus Schülermund noch kein schlechtes Wort gehört. Ich denke, die meisten schätzen ihn, weil sie spüren, der nimmt mich ernst und meint es gut mit mir. Auch wenn er mal streng sein muss.
Ich begrüße Herrn Rektor ... und bitte ihn um sein Grußwort ...
(Er brachte einen Baum mit Früchten mit und wünschte den Kindern gute Gärtner, d.h. Lehrer, und den Willen, selber Frucht zu bringen.)

Einfach spitze, dass du da bist

(Nach dem Grußwort bedanken sich die Kinder mit dem Lied »Einfach spitze, dass du da bist ...«)

Text und Musik: Daniel Kallauch

Text	*Bewegungen*
1. Einfach spitze,	*eine Faust mit Daumen nach oben*
dass du da bist.	*mit dem Finger auf den Betreffenden zeigen*
Einfach spitze,	*eine Faust mit Daumen nach oben*
Komm' wir loben Gott den Herrn!	*beide Hände nach oben und einmal im Kreis um sich selbst drehen*
2. Einfach spitze,	*eine Faust mit Daumen nach oben*
lass uns stampfen!	*mit den Füßen stampfen*
Einfach spitze,	*eine Faust mit Daumen nach oben*
Komm' wir loben Gott den Herrn!	*beide Hände nach oben und einmal im Kreis um sich selbst drehen*
3. Einfach spitze,	*eine Faust mit Daumen nach oben*
lass uns klatschen!	*in die Hände klatschen*
Einfach spitze,	*eine Faust mit Daumen nach oben*
Komm' wir loben Gott den Herrn!	*beide Hände nach oben und einmal im Kreis um sich selbst drehen*
4. Einfach spitze,	*eine Faust mit Daumen nach oben*
lass uns hüpfen!	*in die Höhe hüpfen*
Einfach spitze,	*eine Faust mit Daumen nach oben*
Komm' wir loben Gott den Herrn!	*beide Hände nach oben und einmal im Kreis um sich selbst drehen*

5. Einfach spitze, lass uns tanzen!	*eine Faust mit Daumen nach oben* *mit dem Nachbarn Hände fassen und einmal im Kreis drehen*
Einfach spitze, Komm' wir loben Gott den Herrn!	*eine Faust mit Daumen nach oben* *beide Hände nach oben und einmal im Kreis um sich selbst drehen*

Bleiben wir in der Schule: Was wäre die Schule ohne die große Pause und die große Pause ohne den **Schulbäcker** oder wie in unserem Fall die Schulbäckerin.
Ich begrüße Frau .., die den Kindern aus der Sicht derer, die für unsere Ernährung zuständig sind, gute Wünsche überbringt.

(Nach dem Grußwort bedanken sich die Kinder mit dem Lied »Einfach spitze, dass du da bist ...«)

Dass Kinder sich in Uhingen und seinen Teilorten (durch den eigenen Ortsnamen ersetzen) wohl und sicher fühlen, ist nicht selbstverständlich. Ein Freibad, Spielplätze, Gehwege, die fallen nicht vom Himmel, die müssen im Gemeinderat beschlossen werden. Einer, der diese Wünsche im Gemeinderat einbringt, ist der **Ortsvorsteher**. Seine guten Wünsche für euch ...

(Er entwickelte bei uns spontan ein szenisches Spiel mit zwei Kindern, das deutlich machte, wie gut es tut, gesehen zu werden. Die Kinder sollten als Mitbürger gesehen werden und ihre Mitmenschen in aller Vielfalt sehen lernen. Nach dem Grußwort bedanken sich die Kinder mit dem Lied »Einfach spitze, dass du da bist ...«)

»Gesundheit« wünschen sich die Leute eigentlich immer, wenn sie sich etwas Gutes wünschen. Eine, die sich für eure Gesundheit besonders einsetzt, haben wir eingeladen: die **Kinderärztin** ... Als ich davon sprach, dass Sie, liebe Frau Doktor ..., heute auch dabei sind, da haben einige Viertklässler spontan gerufen: *»Wenn die kommt, dann komme ich auch.«*

(Nach dem Grußwort bedanken sich die Kinder mit dem Lied »Einfach spitze, dass du da bist ...«)

Sie ist für die Sicherheit auf den Straßen und in der Stadt zuständig. Sie alle haben die gleiche grün/beige Kleidung an. Man nennt sie auch »Freund und Helfer«. Wisst ihr, wer unser fünfter Gast ist?
Mit ihrem Dienstfahrzeug rauscht sie herbei ...

(Polizistin kommt auf dem City-Roller in die Kirche gerollt. Sie wünscht den Kindern aufmerksame Autofahrer und Abstand von Drogen. Nach dem Grußwort bedanken sich die Kinder mit dem Lied »Einfach spitze, dass du da bist ...«)

Jetzt kündige ich das **Vierte** an, was stark macht. Bekommen werdet ihr es erst nachher. Es macht euch stark, wenn ihr's euch schenken lasst. Ich erzähle euch dazu eine Geschichte.

Erzählung

Jesus macht die Kinder stark

Einmal wollten Kinder es unbedingt haben!
Auch Mütter wollten, dass ihre Kinder es bekamen. Aber dazu mussten sie sich durch eine riesige Menschenmenge durcharbeiten. Denn ganz vorne, da saß der, der es ihnen geben konnte. Die Kleinsten waren die schnellsten. Sie standen mit strahlenden Augen bereits in der ersten Reihe. Da trauten sich die Mütter erst zu fragen: »Entschuldigung, dürfen wir mit unseren Kindern mal durch, wir würden gerne zu ...«

Aber da standen Männer, die ließen sie nicht mal ausreden, geschweige denn passieren: »Was fällt euch ein! Merkt ihr nicht, dass ihr hier mit euren Kindern fehl am Platz seid? Die verstehen doch noch gar nicht, um was es hier geht! Das hier ist eine Veranstaltung für Erwachsene.«
Aber die Frauen ließen nicht nach, sie wollten unbedingt haben, was es da vorne zu holen gab. Und die Kinder spürten, dass sie das sehr bedeutend machen würde. Darum ließen sie nicht nach: »Mama, warum will uns der Mann nicht durchlassen?« – Benjamin verstand nicht, warum die Männer so hart waren. Sie sagten zu ihm: »Kleiner, geh mit deiner Mama nach Hause: Wenn du groß bist, darfst du wieder kommen, dann nimmt sich Jesus auch Zeit für dich und spricht mit dir.«
Doch Jesus hatte gemerkt, dass sich kleine Menschen nach vorne gedrängelt hatten. Er hörte, wie seine Jünger die Kinder zurückschickten. Da wurde er zornig, stand auf und ging zu ihnen. Er sagte zu Petrus: »Sag mal, meinst du wirklich, Erwachsene seien frömmer als Kinder? Da täuschst du dich aber. Kinder sind Gott viel näher, denn sie kommen und halten einfach die Hände auf und sagen: Ich will. Welcher Erwachsene macht das schon? – Lasst bitte die Kinder zu mir kommen und haltet sie nicht auf!«
Und gleich drängelten sich die Kinder um Jesus. Jedes Kind wollte, dass Jesus ihm die Hände auflegt und gute Worte zu ihm spricht. Jesus legte Hanna die Hände auf und sagte: »Hanna, ich segne dich. Gott hat dich lieb.« Er legte die Hände auf Samuel, lächelte den kleinen Schlingel an und sagte: »Samuel, ich segne dich. Du bist Gott ganz wichtig!«
Kein Kind wollte leer ausgehen. Jedes wollte haben, was Jesus zu geben hatte: Seinen freundlichen Segen. Jedes Kind spürte: Das tut gut! Jesus ist ein wirklicher Freund. Bei Gott sind Kinder ganz wichtig.
Als Jonathan am Abend böse Worte von seinem größeren Bruder einstecken musste, da zog er sich in eine Ecke zurück, lächelte zufrieden in sich hinein und dachte: »Wenn der wüsste, wie groß ich in Wirklichkeit bin, der würde sich wundern!«

Ankündigung der Aktionsphase

(Die Aktionsphase verläuft in verschieden Räumen und dauert etwa 30 Minuten. Ein Gong ruft alle wieder zusammen. Die fünf Aktionen werden kurz vorgestellt.)

Liebe Kinder, liebe Erwachsene, das **Vierte**, das uns groß und stark macht, ist also der Segen Gottes. Im Segen wünschen wir uns gegenseitig Gutes und bitten Gott, dass er unsere Wünsche wahr macht.
Heute bitten wir Gott um seinen Segen. In den beiden Segensräumen könnt ihr euch mit Öl segnen lassen. Eure Familien sind dazu eingeladen. Ihr könnt selbst entscheiden: Wenn ihr **ohne Öl** gesegnet werden wollt, dann sprechen die Mitarbeiter/innen den Segensspruch und legen dabei die Hände auf euren Kopf. Wenn ihr **mit Öl** gesegnet werden wollt, dann streichen sie euch Öl auf die Stirn und auf beide Handflächen und sprechen dazu den Segen.

Außer dem Segen gibt es noch weitere Dinge, die uns stark machen in den verschiedenen Räumen unserer Kirche:

Das Fünfte: Gemeinsam essen und trinken gibt uns Kraft. Saft und Brot wird ausgeteilt. Keiner muss für sich selbst sorgen. Stellt euch im Kreis auf. Alle werden versorgt.

Das Sechste: Wir dürfen unsere Meinung sagen. »Anwälte« (Mitarbeiter/innen und Gäste) der Kinder sammeln die Erwartungen und Wünsche an die Erwachsenen. Die Meinungen werden notiert und in den Gottesdienst zurückgebracht.

Das Siebte: Es gibt einen Kraftraum im Flur des UG: Boxsäcke, Heimtrainer. Jede/r kann ihre/seine Kraft erproben.

Und **zu guter Letzt** könnt ihr euch ein siebenseitiges Kraft- und Mutmachbuch im Untergeschoss abholen und den Titel darauf stempeln. Das Buch nehmt ihr mit nach Hause.

Ideen für Einladungen

Textbausteine für Briefe und Einladungen (jeweils auf DIN A 4 mit Logo).

Brief an die Eltern:

> Liebe Eltern,
> »Stark werden Kinder nicht von Müsli allein!«
> Sie brauchen noch viel mehr, um die täglichen Aufgaben zu bewältigen und das Leben zu meistern. Dazu gehört ein gesundes Selbstbewusstsein, das Wissen, bedingungslos geliebt zu sein, und Vertrauen in das Leben selbst, in die Liebe, in Gott.
> Als Kirche möchten wir dazu beitragen, dass Kinder stark werden, Sinn und Freude im Leben finden. Wir tun es durch unsere Angebote für Kleinkinder, Kinder und Jugendliche.
> Mit einer Veranstaltung besonderer Art starten wir ins neue Jahr.
> Dazu laden wir Sie und Ihre Familie herzlich ein.
>
> Willkommen beim
>
> **Neujahrsempfang für Kinder**
>
> am ... um 10.15 Uhr (Ende gegen 12.00 Uhr)
> in der Kirche in …
>
> Was es gibt? Vieles, was Kinder stark macht: Gottesdienst und gute Wünsche für das neue Jahr. Kinder dürfen ihre Meinung sagen. Es gibt zu essen und zu trinken, tolle Lieder und Musik, spezielle Gäste, Segen, und ...
> Wir freuen uns, Sie begrüßen zu dürfen,
> Ihre Mitarbeiter/innen der Kinderkirche in der Kirchengemeinde …
> und Pfarrer/in …

Brief an die Gäste, die die Grußworte sprechen sollen:

Liebe Frau … (Lieber Herr),
da ist mal wieder eine Idee in unserer Kirchengemeinde entstanden, die umgesetzt sein will. Dazu bräuchten wir Ihre Unterstützung.
Keine Sorge, Sie sind nicht die einzige, die ich um diesen Gefallen bitte.
Unsere Idee ist folgende:
Am Sonntag, den ..., soll im Rahmen eines ungewöhnlichen Gottesdienstes ein Neujahrsempfang für Kinder stattfinden.
Ort: ...
Zeit: 10.15 Uhr bis 12.00 Uhr

Schriftlich eingeladen sind Kinder von der ersten bis zur fünften Klasse mit ihren Familien und Freunden. In diesem Gottesdienst sollen – wie bei jedem Neujahrsempfang – gute Wünsche ausgesprochen werden. Dieses Mal für die Kinder.
Geplant ist, den Schulleiter, eine Kinderärztin, den Ortsvorsteher, die Polizistin u.a. einzuladen und sie um ein Grußwort an die Kinder zu bitten. Jede(r) überbringt seine guten Wünsche anhand eines Symbols – es kann auch witzig sein!

Während einer Aktions-Phase (Kinder durchlaufen verschieden Stationen: Essen, Trinken, Segnen ...) haben die Kinder auch die Möglichkeit, zu einem »Anwalt der Kinder« zu gehen. Dort melden sie ihre Erwartungen an, die sie im neuen Jahr an die Erwachsenen haben. Die Anwälte sammeln diese Stimmen und tragen sie im zweiten Teil des Gottesdienstes an die Erwachsenen heran.
Die musikalische Gestaltung hat die Ki-Bi-Tage-Band, die fetzige Lieder spielt.
Ich habe schon große Lust auf diesen Neujahrsempfang und Gottesdienst anderer Art und hoffe, dass ein Funke auf Sie überspringt!
Bitte geben Sie mir in den nächsten Tagen Bescheid, ob Sie sich an diesem Sonntagvormittag Zeit nehmen können.

Viele Grüße

Kopiervorlage: Das Logo des Neujahrsempfangs

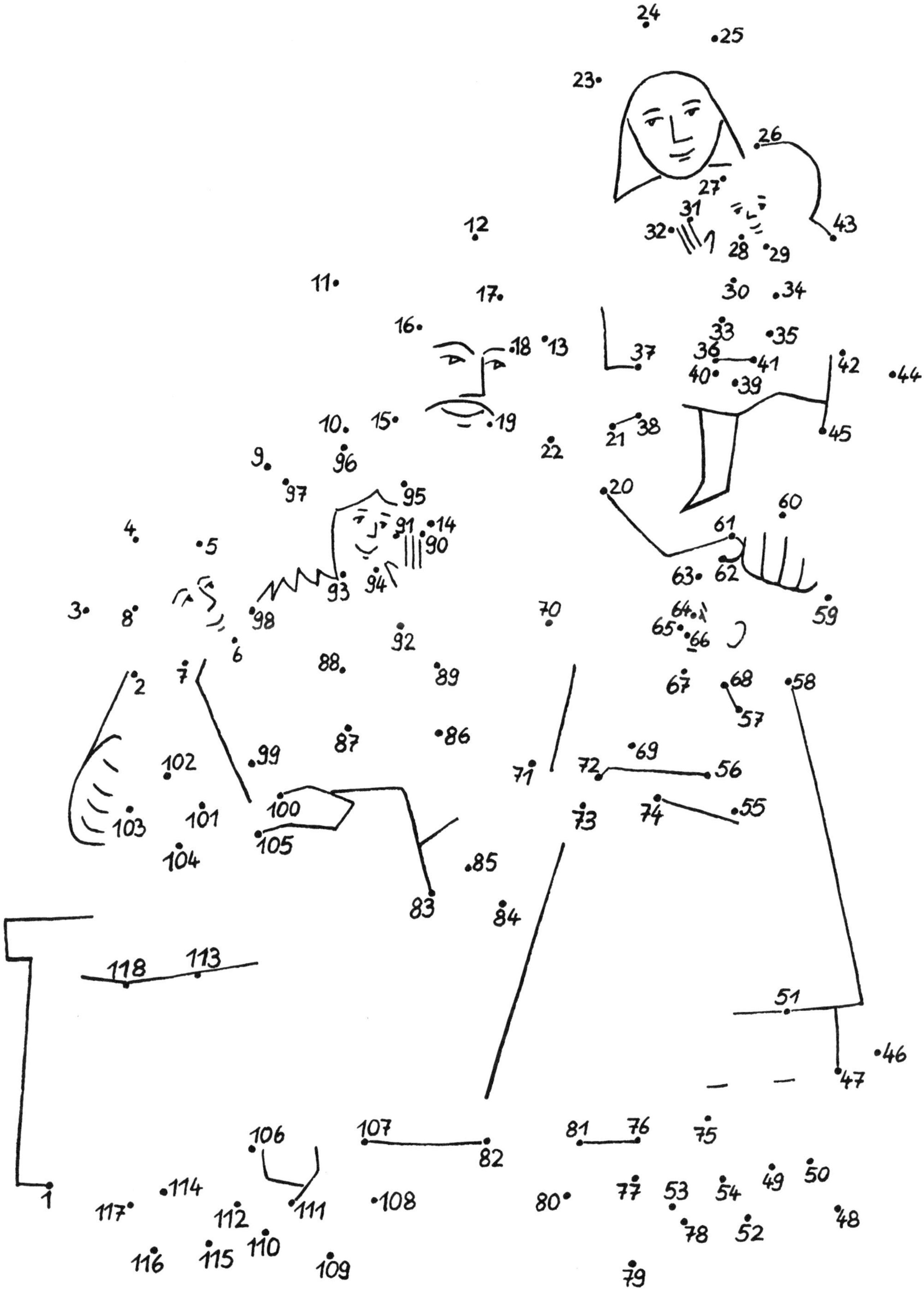

Passion feiern

Ein Kreuzweg in sieben Stationen mit verschiedenen Symbolen und Aktionen

Renate Werth / Katja Hügler

Die Geschichte des Kreuzweges

Die Fasten- und Osterzeit hat ihren ganz eigenen Charakter. Nirgends sonst im Kirchenjahr feiern wir so viele besonders geprägte Gottesdienste wie in der Zeit vor und um Ostern. Schließlich ist die Auferstehung Jesu einer der zentralen Inhalte unseres christlichen Glaubens.
In der katholischen Kirche gehört zu dieser Kirchenjahreszeit seit langem die Tradition der Kreuzwegandachten, die im frühen Christentum auf der Via Dolorosa, dem geschichtlichen Leidensweg Jesu in Jerusalem, ihren Anfang nahmen und im 15. Jahrhundert durch einen englischen Pilger auf die heutigen 14 Stationen festgelegt worden sind. Um sich tiefer in den Leidensweg Jesu hineinfühlen zu können, wurden im Laufe der Entwicklung der Kreuzwegandachten durch die Volksfrömmigkeit Stationen dazu genommen, die in der Bibel nicht erwähnt werden, z.B.: Veronika reicht Jesus das Schweißtuch.
In der Kreuzwegandacht wird der Leidensweg Jesu in seinen verschiedenen Stadien nachvollzogen, betrachtet und meditiert. Es sind Ereignisse, die uns erschüttern und bewegen, aber nicht nur das. Es sind vor allem Ereignisse, die etwas mit unserem Leben und unserer Welt zu tun haben. In das Leid unseres Lebens und unserer Welt hinein erhalten wir die Zusage, dass es einen gibt: Gott, der am Ende stärker ist als das Leid und der Tod.
Über diesen Trost hinaus fordert uns die Betrachtung eines Kreuzweges außerdem zur Solidarität mit dem Leid der Menschen unserer Zeit auf.

Wir finden die Leidensgeschichte Jesu in allen vier Evangelien. Der vorliegende Gottesdienstentwurf bezieht sich im Wesentlichen auf die Version der Leidensgeschichte bei den drei Synoptikern (Matthäus, Markus, Lukas), die inhaltlich sehr ähnlich sind.

Religionspädagogische Vorüberlegungen

Von besorgten Eltern sind manchmal die Bedenken zu hören, die Geschichte vom Leiden und Sterben Jesu sei gar kein Thema, mit dem Kinder sich beschäftigen sollten. Es sei zu schlimm, zu bedrückend, sagen sie.
Aber der Tod gehört nun einmal zum Leben. Auch Kinder machen Erfahrungen mit dem Tod und sie stellen Fragen: Was kommt danach?
Das Evangelium vom Leiden und Sterben Jesu ist ja gerade nicht die Geschichte von einem Ende.
Worauf alles zuläuft, ist eben nicht der Tod, sondern das Leben. Gott hat seinen geliebten Sohn nicht im Tod gelassen. Er hat ihm ein neues Leben geschenkt. Das ist für uns nicht nur irgendeine Geschichte, sondern sie hat mit uns zu tun. Auch wir sind geliebte Kinder Gottes. Auch für uns soll nicht der Tod das letzte sein.

Außerdem geht es beim Kreuzweg ja nicht nur um Sterben und Tod, sondern auch um Erfahrungen von Leid, die wir mitten im Leben machen und die auch Kindern nicht fremd sind: Alleinsein, im Stich gelassen zu werden, ausgelacht und verspottet zu werden – gerade solches haben die Kinder sehr wohl schon selber erfahren.
Obwohl der Gottesdienst am Karfreitag stattfindet, das Osterfest also noch bevorsteht, ist es der kleineren Kinder wegen ratsam, die Erzählungen und Meditationen nicht mit dem Tod Jesu enden zu lassen, sondern einen Ausblick auf die Osterereignisse, das eigentliche »Ende der Geschichte«, an den Schluss zu stellen.

Zum Gottesdienstablauf

Intention

Das Leiden, das Sterben und die Auferstehung Jesu sollen als Quelle der Hoffnung für unser Leben erfahrbar werden.
Um den Kindern eine Verbindung mit ihrer eigenen Lebenswelt zu erleichtern, haben wir für den vorgeschlagenen Gottesdienst die Beziehung Jesu zu seinen Freunden als Schwerpunkt gewählt.
Der Weg als Symbol für unser Leben oder auch für bestimmte Abschnitte unseres Lebens ist den Erwachsenen und Kindern vielleicht schon begegnet. Auch Jesus geht hier ein Stück Weg, einen besonders harten, beschwerlichen, den Kreuzweg. Um das Symbol »Weg« möglichst ganzheitlich erfahrbar zu machen, ist es empfehlenswert, diesen Gottesdienst als Kreuzweg tatsächlich zu *gehen*, d. h. von einer Station zur nächsten. Je nach den räumlichen Möglichkeiten vor Ort sollte neben dem Kirchenraum auch eine Seitenkapelle, ein Kirchhof, ein Pfarrgarten oder ein angrenzender Gemeinderaum einbezogen werden. In manchen Kirchen könnte auch aus den Kreuzwegbildern, die es dort gibt, ausgewählt und dieser Platz als »Station« gestaltet werden.

Vorbereitungen

Vorbereitungen

Dieser Gottesdienst eignet sich für eine Gruppengröße von ca. 40–50 Leuten, da man als ganze Gruppe von Station zu Station geht. Die Stationen sollten so in der Kirche verteilt sein, dass die Gemeinde sich dort um die vorbereiteten Symbole gruppieren kann.
Empfehlenswert ist es, wenn die beiden letzten Stationen im Altarraum stattfinden, so dass die Gemeinde von der sechsten Station bis zum Schluss in den vorderen Bankreihen der Kirche Platz nehmen kann.
Der vorgesehene zeitliche Rahmen sollte mit Rücksicht auf die kleineren Kinder eine Stunde nicht überschreiten. Es ist deshalb darauf zu achten, dass sich die Gruppen an den einzelnen Stationen nicht länger als ca. fünf Minuten aufhalten.
Die verschiedenen Gegenstände, die eine Station markieren, sind zu Beginn des Gottesdienstes bereits an der vorgesehenen Stelle vorbereitet und ausgelegt worden.

Material und Checkliste

Für die Einführung:
— Kärtchen mit Eigenschaftswörtern
— Geknüpftes Freundschaftsarmbändchen
— Osterkerze
— Breites Stoffband zum Beschriften

Für die Stationen:
1. Station: Das letzte Abendmahl
— Krug mit Traubensaft
— Fladenbrot
2. Station: Jesus hat Angst und betet – die Freunde schlafen ein
— alter Wecker
3. Station: Petrus verleugnet Jesus
— Bild vom Hahn
4. Station: Verspottung / Dornenkrone – Jesus ist allein und verlassen
— Dornenkrone
— Dornenzweige
5. Station: Simon von Kyrene – einer verhält sich wie ein Freund
— Sehr schwerer Stein bzw. Kiste mit Steinen
6. Station: Jesus stirbt am Kreuz
— Gelbes und schwarzes Tuch
7. Station: Das kommt: die Auferstehung
— Blumen (s. Seite 58)

Gottesdienstablauf

Begrüßung
Liturgische Eröffnung: Kreuzzeichen
Kanon: »Wo zwei oder drei...« (LJ 480; SL 180)
Einführung in das Thema
1. Station: Das letzte Abendmahl
Kanon: »Wo zwei oder drei...« (LJ 480; SL 180)
2. Station: Jesus hat Angst und betet
3. Station: Petrus verleugnet Jesus
4. Station: Jesus ist allein und verlassen
5. Station: Simon von Kyrene - einer verhält sich wie ein Freund
6. Station: Jesus stirbt am Kreuz
Lied »Als Jesus gestorben war« (s. Seite 56, Verse 1+2)
7. Station: Das kommt: die Auferstehung
Lied: »Als Jesus gestorben war« (s. Seite 56, Vers 3)
Vaterunser
Segen

■ Bausteine

Begrüßung/Einführung

Wir begrüßen euch ganz herzlich heute an diesem besonderen Tag – dem Karfreitag. Wir wollen gemeinsam daran denken, wie Jesus den Kreuzweg gegangen ist. Wir werden diesen Weg selbst mitgehen und von ihm und seinen Freunden hören.
Als Zeichen, dass er in unserer Mitte ist, werden wir nun die Osterkerze entzünden und ganz bewusst das Kreuzzeichen machen.

(Die Osterkerze wird entzündet und alle machen ein Kreuzzeichen.)

Ich habe euch etwas mitgebracht.

(Zeigt den Kindern ein Freundschaftsband. Sie erzählen, was es damit auf sich hat: Man bekommt es von der besten Freundin oder gibt es ihr. Es ist ein Zeichen für die Zusammengehörigkeit von Menschen.)

Hat jemand von euch einen richtig guten Freund oder eine richtig gute Freundin?
Was macht ihr denn gerne mit ihr/mit ihm?

(Die Kinder geben Beispiele. Dann werden ihnen verschiedene Eigenschaftswörter gezeigt, unter denen sie die auswählen sollen, die zum Thema »Freundschaft« passen, z.B. treu, aufmerksam, freundlich, lieb, verrät mich nicht, geht mit mir durch dick und dünn. Diese werden auf ein breites Stoffband geschrieben.)

Überleitung zum Kreuzweg

Jesus hatte auch Freunde. Er brauchte sie und sie brauchten ihn, denn alleine zu sein ist nicht schön. Wir wollen nun hören, ob ihre Freundschaft so ein festes Band war wie unseres, ob es auch wirklich gehalten hat, als es Jesus schlecht ging. Wir gehen nun gemeinsam den Weg mit Jesus. Als Zeichen für ihn nehmen wir die Osterkerze mit und das Band, das ihn mit seinen Freunden und uns verbindet.

(Da die Osterkerze oft sehr groß und schwer ist, wird ein Erwachsener gebeten, sie von Station zu Station zu tragen.)

Die sieben Stationen

1. STATION: Das letzte Abendmahl

Biblische Texte: Matthäus 26,26–29; Markus 14,22–25; Lukas 22,15–20

(An dieser Station stehen als Zeichen für das Abendmahl ein Krug mit Saft und ein Brot.)

● *Biblische Erzählung*

Am Tag bevor Jesus sterben muss, setzt er sich mit seinen Freunden an den Tisch. Er will ein letztes Mal gemeinsam mit ihnen essen, so wie sie es immer wieder getan hatten.
Er nimmt das Brot, teilt es und gibt jedem ein Stück davon. Dann nimmt er den Kelch mit Wein und dankt Gott, seinem Vater. Er gibt den Kelch seinen Freunden. Jeder darf davon trinken.
Jesus sagt: Bald muss ich sterben und kann dann nicht mehr bei euch sein. Aber immer wenn ihr das Brot untereinander teilt und den Wein gemeinsam trinkt, so wie wir es heute tun, sollt ihr an mich denken. Dann werde ich euch ganz nahe sein – auch wenn ihr mich nicht sehen könnt, aber ihr spürt, dass ich da bin.

Wir brechen das Brot und teilen es an alle aus.

Kanon: »Wo zwei oder drei ...« (LJ 480; SL 180)

Gebet

Jesus, wir danken dir, dass du uns nicht alleine lässt.
Du hast deinen Freunden und uns versprochen,
immer bei uns zu sein in Brot und Wein.
Du hast das Freundschaftsband mit uns geknüpft
und lässt es nicht zerbrechen. Wir wollen dir nun auf deinem Weg folgen.

2. STATION: Jesus hat Angst und betet – Die Freunde schlafen ein
Biblische Texte: Matthäus 26,36–46; Markus 14,32–42; Lukas 22,40–46

(An dieser Station steht als Zeichen ein Wecker. Die Kinder sagen, was sie sehen und beschreiben, wofür ein Wecker verwendet wird.)

Sicherlich kennt ihr das: Manchmal fühlen wir uns ganz alleine. Wir denken, dass niemand mehr für uns da ist. In der Nacht zum Beispiel, wenn man überall Geräusche hört und alles dunkel ist. Da ist es gut, wenn jemand an unserer Seite ist, ein Freund oder eine Freundin. Jesus wünschte sich das auch in der Nacht vor seinem Tod. Doch hört, wie es ihm erging:

● *Biblische Erzählung*
Nachdem Jesus mit seinen Freunden gegessen hat, gehen sie in einen Garten, der Gethsemane heißt. Jesus weiß, dass er bald sterben muss, dass es dunkel um ihn sein wird. Er hat große Angst und bittet seine Freunde, mit ihm zu beten. Aber sie sind müde. Sie wollen sich lieber hinlegen und schlafen. Keiner will bei ihm bleiben und mit ihm die Angst aushalten.
Doch zu Gott, seinem Vater, kann Jesus beten. Er spricht: Vater im Himmel, ich habe Angst, große Angst. Hilf mir, stehe du mir bei, bleibe bei mir, wenn ich sterben muss.
Und so betet Jesus zu dem einzigen Freund, der ihm bleibt: er betet zu Gott.

(Der/die Leiter/in betrachtet das Freundschaftsband. Und befragt die Kinder, ob es nach dieser Geschichte noch hält. Die Kinder wiederholen das Gehörte. Vom Band wird ein Stück abgeschnitten und an der Station zurückgelassen.)

Gebet
Jesus, deine Freunde haben geschlafen,
als du sie am meisten gebraucht hast.
Keiner von ihnen war für dich da.
Doch mit Gott konntest du sprechen, auf ihn hast du vertraut.
Er lässt dich nicht im Stich, denn er ist wie ein guter Freund.
Auch wir dürfen darauf vertrauen, dass Gott bei uns ist,
gerade wenn wir Angst haben. Dafür danken wir.

3. STATION: Petrus verleugnet Jesus
Biblische Texte: Matthäus 26,69–75; Markus 14,66–72; Lukas 22,54–71; 63–65; Johannes 18,17, 25–27

(An dieser Station wird das Bild vom Hahn – s. Vorlage S. 59 – gezeigt. Die Kinder beschreiben, was sie sehen.)

● *Biblische Erzählung*
Judas, einer der Freunde Jesu, hatte ihn an die Römer verraten. Für 30 Silberlinge sagte er ihnen, wo sie Jesus finden könnten. Daraufhin nehmen die Römer Jesus gefangen. Alle Freunde fliehen. Nur Petrus folgt heimlich Jesus und den Soldaten. Er möchte erfahren, was mit Jesus geschehen wird. Erst ein paar Stunden vorher hatte Jesus zu ihm gesagt: Ehe morgen der Hahn kräht, wirst du dreimal behaupten, dass du mich nicht kennst! Aber Petrus will ihn nicht verlassen. Deshalb setzt er sich vor den Palast der Römer zu den Menschen ans Feuer. Dort wird er gefragt: »Bist du nicht auch einer von Jesu Freunden?« Da wird Petrus ängstlich und antwortet: »Nein.« Ein anderer

meint: »Aber ich habe dich doch auch mit ihm gesehen?« Zum zweiten Mal sagt Petrus: »Nein, ich bin es nicht.« Und ein dritter fragt ihn: »Warst du nicht auch mit diesem Jesus von Nazaret zusammen?« Wieder leugnet Petrus: »Ich kenne den Menschen nicht! Ich weiß nicht, was du meinst.« Da krähte der Hahn und Petrus erinnert sich an die Worte Jesu. Er weint bitterlich.

(Stille oder leise Musik)

(Gemeinsam wird überlegt, was mit dem Freundschaftsband geschehen soll. Es wird wieder ein Stück abgeschnitten und an der Station hingelegt.)

Gebet
Jesus, du wirst gefangen genommen.
Einer deiner Freunde hat dich verraten. Das tut weh.
Auch die anderen lassen dich im Stich.
Sogar Petrus behauptet, er wäre nicht dein Freund.
Wir kennen das auch.
Bitte hilf uns, dass wir einander nicht im Stich lassen.

4. STATION: Verspottung/Dornenkrone – Jesus ist allein und verlassen

Biblische Texte: Matthäus 27,27–31; Markus 15,16–20a; Johannes 19,1–3

(An dieser Station liegt eine Dornenkrone und viele Dornenzweige. Jedes Kind nimmt sich einen Zweig.)

● *Biblische Erzählung*
Die Soldaten bringen Jesus zu Pilatus, dem obersten Richter. Vor seinem Palast lachen sie Jesus aus. Sie legen ihm einen roten Mantel um und setzen ihm eine Dornenkrone auf den Kopf. Er wird geschlagen. Alle machen sich lustig über ihn. Er muss Schmerzen erleiden und den Spott der Menschen ertragen.

(Die Kinder werden aufgefordert, die Dornenzweige zu betasten, die spitzen Dornen zu spüren, zu merken, wie weh es tut.)

Gebet
Spitz sind die Dornen. Sie tun weh auf der Haut.
Sie ritzen uns ein und verletzen uns.
Jesus, du musstest diese Schmerzen ertragen.
Aber genau so schlimm wie Dornen
taten dir die Worte der Menschen weh, die dich verlachten.
Jesus, wir wollen dich bitten für alle Menschen,
die ausgelacht und verspottet werden, weil sie anders sind als wir,
weil sie behindert sind oder alt oder krank,
weil sie aus einem anderen Land kommen als wir.
Hilf uns, dass wir den Mut haben, diesen Menschen zu helfen
und sie nicht auch noch auszulachen.

5. STATION: Simon von Kyrene – einer verhält sich wie ein Freund

Biblische Texte: Matthäus 27,31b–32; Markus 15,20b–21; Lukas 23,26–32

(An dieser Station liegt ein schwerer Stein bzw. eine Kiste mit schweren Steinen. Zunächst darf ein Mädchen oder ein Junge versuchen, den Stein bzw. die Kiste hoch zu heben. Alleine schafft sie/er das nicht. Ein Erwachsener wird gebeten zu helfen.)

● *Biblische Erzählung*

Nach seiner Verurteilung laden die Soldaten Jesus ein schweres Kreuz auf die Schultern. Auf dem Weg nach Golgatha kann Jesus die Kreuzeslast nicht mehr alleine tragen. Viele Menschen stehen am Wegesrand, aber keiner hilft ihm. Da kommt ein Mann vom Feld, Simon von Kyrene. Ihm befiehlt der Hauptmann, Jesus zu helfen. Und Simon trägt das schwere Kreuz mit Jesus. Er hilft ihm.

Gebet

Jesus, einer verhält sich wie ein Freund auf deinem Leidensweg.
Er hilft dir, das schwere Kreuz zu tragen.
Manchmal sind wir Menschen nicht bereit, einander zu helfen.
Auch wir erfahren, dass wir die Hilfe anderer brauchen,
dass wir unterstützt werden müssen, damit wir weiterkommen.
Und wir wissen auch, dass wir uns manchmal davor drücken,
anderen zu helfen.
Schenke uns helfende Hände, die stützen und das Leid anderer mittragen.

6. STATION: Jesus stirbt am Kreuz

Biblische Texte: Matthäus 27,33–44, 48; Markus 15,22–32,36; Lukas 23,33–43; Johannes 19,17–29

(An dieser Station liegt ein schwarzes Tuch; darunter liegen bereits verdeckt ein gelbes Tuch und Blumen für die siebte Station.)

● *Biblische Erzählung*

Jesus wird aufs Kreuz gelegt. Die Soldaten nageln ihn an Händen und Füßen ans Kreuz. Dann richten sie es auf. Jesus wird unschuldig gekreuzigt. Bei ihm sind nur seine Mutter und Johannes, einer der zwölf Freunde. Ein letztes Mal spricht Jesus zu Gott, seinem Vater, dann stirbt er.

(Der Rest des Freundschaftsbandes wird ans Kreuz gehängt. Die Osterkerze wird ausgeblasen.)

Gebet

Jesus, du stirbst am Kreuz. Du bist alleine.
Nur deine Mutter, Maria Magdalena und Johannes sind noch bei dir.
Alle anderen sind geflohen.
Sie haben dich alleine gelassen und auch in ihnen ist es dunkel.
Sie sind traurig über deinen Tod.
Wir wollen nun an alle Menschen denken, die wir kennen
und die gestorben sind.

▷▷▷

Als Jesus gestorben war

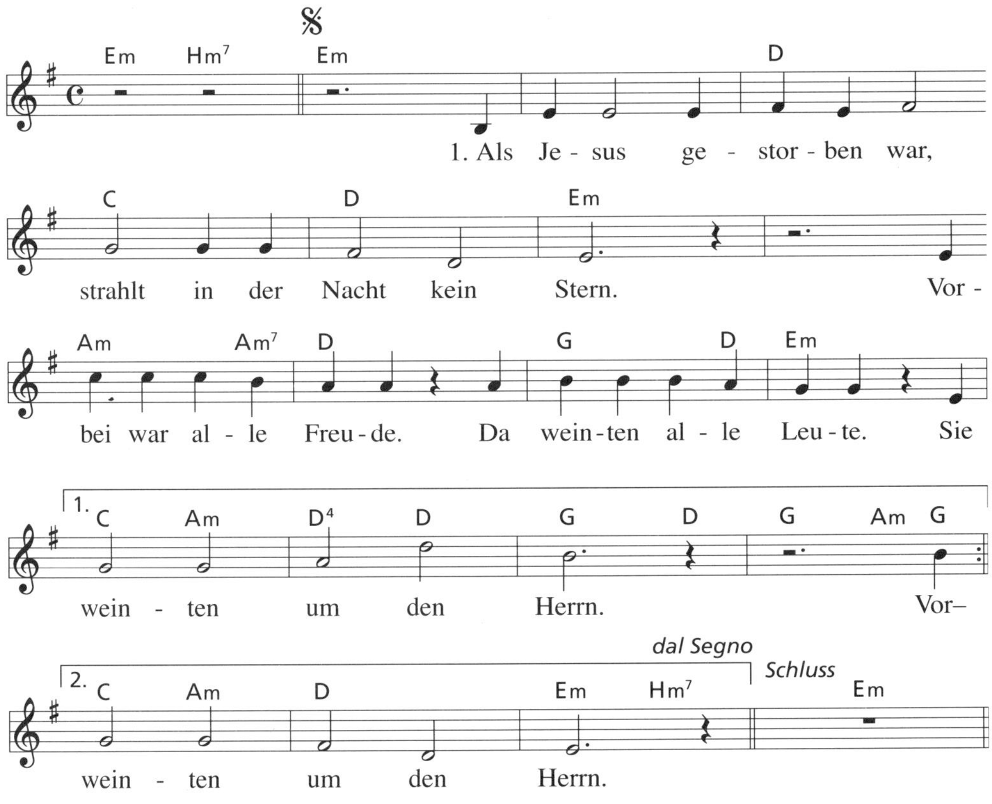

Text: Rolf Krenzer
Musik: Peter Janssens
Aus: Kommt alle und seid froh, 1982

2. Als Jesus gestorben war,
da war die Welt so leer.
Die Großen und die Kleinen,
die konnten nur noch weinen.
Sie hatten ihn nicht mehr.
Die Großen und die Kleinen,
die konnten nur noch weinen.
Sie hatten ihn nicht mehr.

3. Als Jesus auferstanden war,
besiegte er den Tod.
Ihr Großen und ihr Kleinen,
ihr braucht nicht mehr zu weinen.
Vorbei ist alle Not.
Ihr Großen und ihr Kleinen,
ihr braucht nicht mehr zu weinen.
Vorbei ist alle Not.

7. STATION: Die Auferstehung – der Tod ist nicht das Letzte

Biblischer Text: Lukas 24,1–11

(Der Ort ist derselbe wie bei der 6. Station.)

● *Biblische Erzählung*

Jesus ist am Kreuz gestorben. Das war schrecklich für die Jünger damals. Das ist schrecklich für uns heute. Wenn jemand stirbt, sind wir sehr traurig. Manchmal wird es ganz dunkel in uns und wir lassen den Kopf hängen.
So ging es sicher auch den Jüngern. Sie wussten es noch nicht, aber wir wissen es: Gott hat Jesus nicht im Stich gelassen. Er hat ihn von den Toten auferweckt, er hat ihn zu sich in den Himmel geholt. Er ist auferstanden.

(Eine Ecke des schwarzen Tuches wird umgeschlagen; darunter kommt ein helles Tuch und Blumen zum Vorschein.)

Lied: »Als Jesus gestorben war« (Vers 3, siehe oben)

Gebet
Wir sind froh, dass der Tod nicht das Letzte ist.
Wir freuen uns auf Ostern. Dann feiern wir, dass Jesus auferstanden ist.
Gott, wir sind so froh, dass auch für uns nicht der Tod das Ende ist,
sondern dass auch wir einmal bei dir sein dürfen.
Dafür danken wir dir und beten gemeinsam:

Vater unser ...

Segen

Weiterführende Ideen

Gestaltung des Kreuzweges mit Bildern

Man kann den Kreuzweg auch mit Bildern betrachten und mit entsprechenden Texten (siehe Ablauf) gestalten. Hierfür empfehlen wir, verschiedene Bilder von Kees de Kort auszuwählen (Deutsche Bibelgesellschaft, Postfach 810340, 70520 Stuttgart; Telefon 0711/7181-0; Internet: www.bibelgesellschaft.de). Man kann auch auf die Bilder in dem Buch »Jesus ist auferstanden« von Norbert Landa und Dieter Konsek zurückgreifen (ISBN 3-438-04189-8, Deutsche Bibelgesellschaft, dto.)

Geschmückte Kreuze

Ein Bastelvorschlag für den Abschluss des Gottesdienstes oder für ein Bastelangebot im Anschluss an den Gottesdienst (s. Skizze).

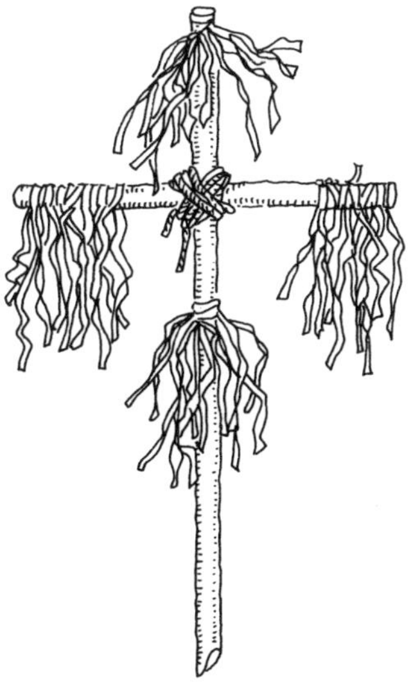

Material
— Stöckchen (in gleicher Anzahl von ca. 20 cm Länge und 10 cm Länge)
— Wollfäden
— In dünne Streifen geschnittenes buntes Krepppapier

Aus den Stöckchen wird mit Wollfäden ein Kreuz zusammengebunden und dieses anschließend mit bunten Krepppapierstreifen geschmückt.

Papierblumen

Ebenfalls zum Abschluss oder im Anschluss an den Gottesdienst möglich. Diese Blumen können auch schon als Vorbereitung gebastelt werden und bei der sechsten Station unter dem schwarzen Tuch liegen. (Siehe dazu die Skizze und Kopiervorlage auf S. 58.)

Literatur

Josef Knupp (Hrsg.), Kreuz-Wege entdecken. Ein Werkbuch zur Vorbereitung und Gestaltung, Bernward bei Don Bosco, München-Hildesheim 1998

Gertrud Lorenz, Kinderkreuzwege, Verlag Herder, Freiburg 2003

Elmar Gruber, Kreuzweg. Stationen des Lebens, Don Bosco Medien, München, 8. Auflage 2000

Maria Paschedag, Jesu Weg ans Kreuz. Eine Geschichte von Angst und Hoffnung, Don Bosco Medien, München 1997

Norbert Landa, Dieter Konsek, Jesus ist auferstanden. Reihe: Die schönsten Bibelgeschichten, Deutsche Bibelgesellschaft, Stuttgart 2001

Werner Laubi, Jenny Dalenoord, Wie die Osterbotschaft zu uns kam. Ein Osterkalender mit 20 Geschichten und einem Poster, Verlag Ernst Kaufmann, Lahr, 2. Auflage 1999

Regine Schindler, Reinhard Hermann, Mit Jesus nach Jerusalem. Ein Osterkalender mit 22 Geschichten und einem Poster, Verlag Ernst Kaufmann, Lahr, 3. Auflage 2003

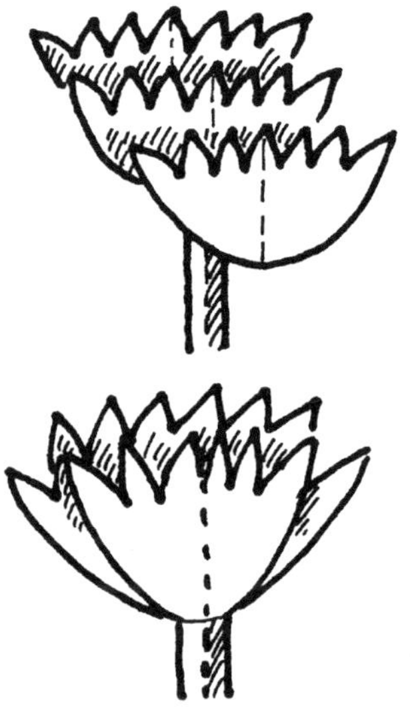

Blume entlang der gestrichelten Linie knicken. 3 Blüten zusamenkleben. ▶

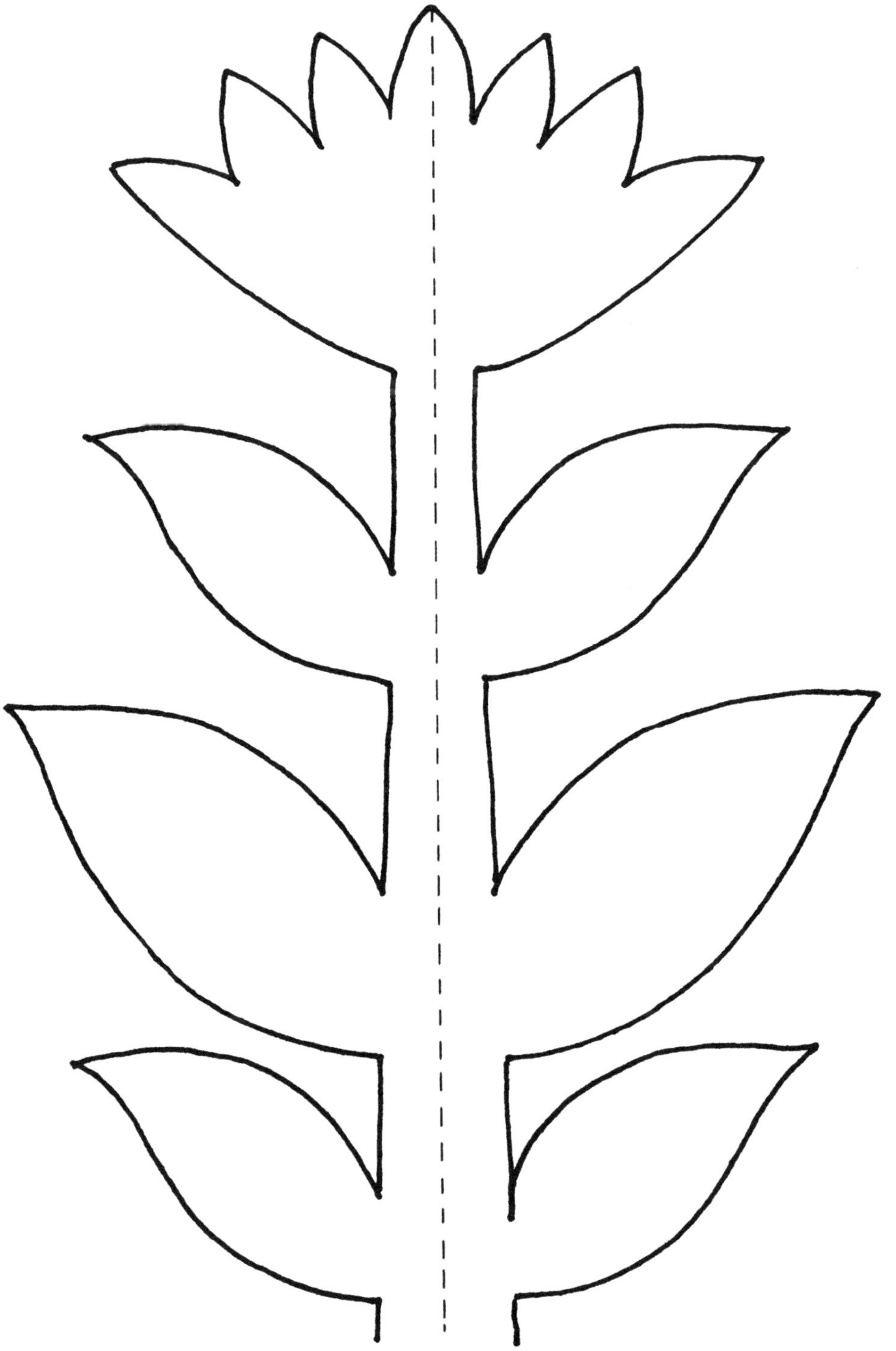

Kopiervorlage Hahn

Ostern feiern

Ein Familiengottesdienst mit einem Rollenspiel zu Johannes 21,1–14

Margret Döbler

Vorüberlegungen

Ostern ist ein Fest, das sowohl nach dem kalendarischen als auch nach dem astronomischen Frühlingsanfang gefeiert wird. Gewöhnlich fällt die Festzeit zwischen dem 22. März und dem 25. April und wird nicht mit dem jüdischen Passahfest gefeiert. Seit dem Konzil in Nicaea (325) ist das Datum umstritten, und die christlichen Kirchen feiern es in Ost und West zu verschiedenen Terminen. Aber sie feiern die Auferstehung Jesu Christi.
Das Wort »Ostern« stammt vom mittelhochdeutschen Wort »oster(e)n«, das sich wiederum zusammensetzt aus der Wurzel »aus«, beziehungsweise »us« oder »os«, was soviel wie »Morgenrot« oder »Aufgang« bedeutet, sowie die Nachsilbe »–tero«, eine indogermanische Zeitangabe. »Ostero« hieße dann »beim Morgenrot«, »beim Aufgang der Sonne«, und das entspricht den Angaben in den Evangelien.

Theologische Entscheidung für Johannes 21,1–14

Die Bibel erzählt verschiedene Ostergeschichten. Die Erzählung, in der sich der Auferstandene seinen Jüngern am See Genezareth zeigt, ist nicht so bekannt, sie kommt nur in wenigen Kinderbibeln vor. Trotzdem bietet gerade sie eine Begegnung mit dem Auferstandenen, die Kinder gut verstehen können.
Die Auferstehung Jesu ist der Kern- und Angelpunkt des christlichen Glaubens. Aber sie ist gerade Erwachsenen oft schwer vermittelbar. Ingo Baldermann schreibt zu diesem Thema: »Wer etwas wirklich begreifen soll, muss Gelegenheit haben, es selbst zu entdecken.« (s. »Literatur«, Seite 68) Unter Pädagogen ist davon seit langem die Rede, doch wo gibt mir die Theologie die Chance zu solch einem »Entdeckenden-Lernen«? Viele erheben vielmehr schwere Einwände dagegen: Die Offenbarung sei Gottes Tat und keine menschliche Entdeckung. Ich habe gelernt, dieser Alternative zu misstrauen. Denn das griechische Wort für Offenbarung heißt im Neuen Testament »apokalypsis«, und das bedeutet tatsächlich: Entdeckung. Die Erzählungen der Jünger zum Ostergeschehen sind Erfahrungen, Entdeckungen, die sie mit dem Auferstandenen gemacht haben. Deshalb können wir die Auferstehungsbotschaft wohl am besten vermitteln, wenn wir sie erzählen.
Kinder und Erwachsene brauchen eine widerstandsfähige Hoffnung in ihrem Leben, damit sie das Leben mit all seinen Gefahren und Ängsten positiv gestalten können. Die Auferstehungsbotschaft wird nicht erst mit dem Tod für uns relevant. Diese Botschaft gibt Menschen im Alltag Kraft und Mut, wenn vieles »tot« oder »erstorben« erscheint. Denn es ist der Auferstandene Jesus Christus, der seinen Freunden zusagt: »Ich bin bei euch alle Tage, bis an der Welt Ende!«
Noch erfahren wir den Tod als Tod und legen Särge oder Urnen in die Gräber. Aber wir haben die Erzählungen von der Auferstehung Jesu. Wir haben Worte, die uns Hoffnung geben über den Tod hinaus.

Exegese und Auslegung zu Johannes 21,1–14

Der Ort
Die Jünger und Jüngerinnen waren an Ostern in Jerusalem und begegneten dem Auferstandenen dort zum ersten Mal. Der Text ist ein Nachtrag zum Hauptbericht der Auferstehung. Diese Geschichte bereitet das spätere Werk der Apostel behutsam vor und macht den weiteren Gang der Kirche erkennbar.
Einige Tage nach der Begegnung mit dem Auferstandenen in Jerusalem, sind die Jünger wieder am See Genezareth. Dort zeigt sich ihnen Jesus zum dritten Mal. Ob sie die Auferstehung schon begriffen haben? Oder sind ihre Gefühle noch eher bei der Trauer? Auferstehung zu begreifen, braucht Zeit. Auf jeden Fall sind die Jünger nicht allein, sondern in Gemeinschaft. Es sind sieben Jünger beieinander.

Zurück zum alten Beruf
Petrus ist nun wieder der Sprecher: »Ich will fischen gehen!« Die anderen gehen mit in die Nacht, um zu fischen. Aber nach dieser Nacht sind sie erfolglos, frustriert, obwohl sie Fachleute sind. Erfolglosigkeit ist ein Widerstand im Leben. Sie haben die Nacht über gearbeitet, sie sind müde und erschöpft. Wer keinen Erfolg (keinen Arbeitsplatz) hat, kann auch nichts essen, hat keine Lebensgrundlage. Frustrationen kennen Kinder und Erwachsene. Unsere Welt ist sehr kompliziert geworden. Kinder brauchen Erwachsene, die ihnen Dinge erklären, zeigen, sie mitmachen und lernen lassen.

Die Begegnung
Es ist nun schon Morgen, als Jesus plötzlich am Ufer steht, aber die Jünger wissen es nicht. Da fragt sie Jesus: »Kinder, habt Ihr nichts zu essen?« Warum nennt er sie Kinder? Jesus meint damit: »Kinder Gottes, Söhne Gottes – der Vater erbarmt sich über euch!« Sie antworten: »Nein!« oder »Nichts!«. Sie stehen mit leeren Händen da und geben ihren Mangel zu.
Jesus ruft ihnen zu: »Werft das Netz rechts aus, so werdet ihr finden!«
Vielleicht erinnert dieser Aufruf Petrus und die anderen Jünger an die Berufungsgeschichte (Lukas 5).

Die wunderbare Erfahrung
Sie folgen der Anweisung Jesu und das Netz wird wieder voll.
Jesus hat ein Feuer gemacht. Die Fischer sollen die Fische bringen. Dann sagt Jesus: Kommt und lasst uns gemeinsam essen! Auf dem Feuer liegen Brote und Fische. Wer hat wohl die Brote gebacken und gebracht? Ich gehe davon aus, dass es die Frauen und die Kinder waren, die dann auch mit ihnen frühstücken.
Petrus ist »echt Petrus«, ihm dauert es zu lange, mit dem Boot zu Jesus zu kommen. Er hat als der verantwortliche Fischer nur das Untergewand angezogen, damit er im Wasser hantieren kann. Aus Ehrfurcht vor Jesus zieht er sein Übergewand an, das er im Boot liegen hat, und schwimmt zu Jesus. »Es ist der Herr!«, so erkennen und formulieren die Jünger.
153 Fische gehen ins Netz, und das sind alle damals bekannten Fischarten. Damit meint der Erzähler, dass die Botschaft von Jesus allen Völkern vermittelt werden soll.
Die Jünger bringen vom geschenkten Überfluss. Die Frauen und die Kinder tragen etwas Alltägliches bei. Jesus ist ihnen nahe. Er, der das Leben ist, will, dass sie leben und Leben teilen. Er speist sie mit Brot und Fisch, mit seiner

Nähe und dem wärmenden Feuer am Morgen. Sie teilen miteinander das Brot und wissen: »Jesus lebt. Er ist bei uns!« Er rückt ihre Trauer ins Licht der Hoffnung. Sie erkennen in den Gaben, in seiner Hilfe und in seinem Segen ihren Herrn. Essen und Gemeinschaft sind Zeichen des Lebens, das begreifen Kinder und Erwachsene.

Die verändernde Kraft
Jesus kommt an das Ufer ihrer Nacht, ihrer Niedergeschlagenheit, ihrer Verzweiflung und ihrer Schuld. So könnte die Osterbotschaft dieses Textes formuliert werden: Jesus wartet auf uns, um uns den Tisch unseres Lebens neu zu decken. Vielleicht erkennen wir: »Es ist der Herr – von ihm kommt uns Hilfe und neuer Lebenssinn.«

Die Zeichen des Auferstandenen
In diesem Text ist viel Symbolik enthalten, z. B. mit den Begriffen »Morgen«, »Feuer«, »Fische«, »Brot«. Ich nehme in diesem Entwurf beim Eingangsvotum (liturgischer Gruß) das Symbol des Lichtes auf. In der Erzählung wird durch das Licht des Feuers und durch das Brot symbolisch mitverkündigt. Auf die Fische habe ich verzichtet, da hier, wie so oft, weniger mehr ist. Außerdem würde das Symbol der Fische eine andere Grundaussage zur Folge haben.

Gottesdienstablauf

Musik
Begrüßung und kurze Einführung ins Thema
Votum (liturgischer Gruß) und Anzünden der Kerzen (siehe S. 65)
Eingangslied: »Wir wollen alle fröhlich sein ...« (EG 100,1-3; LJ 78,1-3; GL 223,1-3)
Psalm (»Danket Gott«, GL 227; »Gott, du bist freundlich«, EG 768, Regionalteil Württ.)
Eingangsgebet
Schriftlesung: Johannes 21,1–14 als Lesung mit verteilten Rollen
Lied: »Er ist erstanden, Halleluja ...« (EG 116; LJ 88) oder: »Das ist der Tag, den Gott gemacht ...« (GL 220)

1. Verkündigungsteil:
— Die Jünger in ihrem Alltag – Benjamin, der Sohn des Petrus, erzählt. (s. Seite 63f.)
— Kulisse: Boot, Fischernetz, Feuer (siehe Checkliste rechte Seite)
— Kanon: »Gottes Wort ist wie ein Licht in der Nacht ...« (KG 149; SL 40) oder: »Du verwandelst meine Trauer ...« (KG 198; LJ 508)

2. Verkündigungsteil:
— Jesus bereitet ein Frühstück – Benjamin, der Sohn des Petrus, erzählt weiter. (s. Seite 64)
— Kanon: »Gottes Wort ist wie ein Licht in der Nacht ...« (KG 149; SL 40) oder: »Du verwandelst meine Trauer ...« (KG 198; LJ 508)
— Glaubensbekenntnis für Kinder (s. Seite 66)

3. Aktion:
— Brot miteinander teilen: »Jesus ist bei dir!« (s. Seite 65)
— Kanon: »Gottes Wort ist wie ein Licht in der Nacht ...« (KG 149; SL 40) oder: »Du verwandelst meine Trauer ...« (KG 198; LJ 508)

Fürbittengebet (s. Seite 66)
Vaterunser mit Gebärden (s. Seite 66)
Lied: »Bewahre uns, Gott, behüte uns Gott ...« (EG 171, 1-4; LJ 117,1-4; KG 213,1-4; SL 85,1-4. Zum Teil mit anderen Strophen.)
Segen (s. Seite 68)
Orgelnachspiel oder Musik der Band

Material / Checkliste

Vorplanung
— Lieder 3-4 Wochen vorher an den Organisten oder an die Familiengottesdienstband geben.
— Den Rollentext schreiben (vom Bibeltext ausgehend: Erzähler, Petrus, andere Jünger und Jesus); dafür Sprecher anfragen (Jugendliche und/oder Erwachsene)
— Lieder und Glaubensbekenntnis für Kinder aufschreiben (Extrablatt, über OH-Folie oder Beamer)

Raumgestaltung/Rollenspielvorbereitung
— Mesner/Küster informieren, dass eine Kulisse aufgebaut wird (Zeit für den Aufbau absprechen)
— Kulisse aufbauen: Boot und Ruder, Fischernetz, Feuer (z. B. Holzscheite aufeinander stapeln, dahinter eine Infrarotlampe stellen, die leuchtet)
— Kleidung bereit legen (Tücher oder Gewand, für die Sprecher der Rollen von Petrus, den Jüngern, Benjamin und Jesus)
— Drei Kerzen zum Anzünden auf dem Altar aufstellen.

Vorbereitungen

Für das Brot-Teilen
— Brötchen backen oder einkaufen und
— Brötchen in Körbe legen (Körbe und Servietten organisieren)

Aufgaben im Gottesdienst
— Wer spricht die liturgischen Texte?
— Wer zündet die Kerzen an?
— Wer spricht das Eingangsgebet?
— Wo sitzen die, die einen Text zu lesen oder zu sprechen haben?
— Von welcher Stelle aus erzählt Benjamin?
— Wer reicht das Brot in die Reihen und sammelt die Körbe wieder ein?
— Welche drei Mitarbeiter/innen übernehmen das Fürbittegebet?
— Vaterunser mit Gebärden - wer führt die Gebärden ein?
— Wer liest die Abkündigungen (Vermeldungen)?

■ Bausteine

Rollenspiel zu Johannes 21,1–14

Erzählung

(Benjamin ist der Haupterzähler. Petrus, seine Berufskollegen, die Mutter von Benjamin und die Geschwister können als »Statisten« dabei stehen.)

1. Teil der Erzählung

(Es ist dunkel in der Kirche, Benjamin muss im Licht sein.)

Hallo, darf ich mich vorstellen: Ich bin Benjamin. Meinen Vater kennen immer alle – ihr bestimmt auch: Er heißt Petrus. Er war drei Jahre lang mit Jesus unterwegs. Manchmal war ich auch dabei. Und von so einem Tag will ich euch heute erzählen.
Das war so: Mein Vater, Petrus, war in Jerusalem. Da ist viel passiert. Dort haben Menschen Jesus gekreuzigt. Sie haben ihn auch in ein Grab gelegt. Mein Vater war so traurig wie noch nie in seinem Leben, so erzählte er uns. Aber dann ist Jesus von Gott auferweckt worden. Jesus wurde wieder lebendig, stellt euch das vor! Und dann ist er seinen Freunden und auch meinem Vater begegnet. Komisch, das haben wir alle noch nie erlebt, dass jemand wieder lebendig wurde.
Mein Vater ist noch ziemlich mitgenommen von der Zeit in Jerusalem. Nun ist er wieder bei uns zu Hause in Kapernaum, am See Genezarth. Er erzählt vieles. Ich kann es schon selbst erzählen, wie es war, weil ich es so oft gehört

habe. Mein Vater weiß, dass Jesus wieder lebt. Aber irgendwie weiß er nicht, wie alles weitergehen soll. Er kann das alles noch nicht so schnell begreifen, so habe ich den Eindruck. Er hat keinen Appetit und isst ganz wenig. Er überlegt so viel. So schweigsam kenne ich meinen Vater gar nicht.
Aber ich weiß, wie es ist, wenn jemand gestorben ist. Ehrlich gesagt, ich wünschte mir, Jesus würde vorbeikommen und uns besuchen. Ich würde Jesus gerne sehen. Und vielleicht könnte er mit meinem Vater, dem Petrus, reden, so dass er wieder richtig fröhlich wird.
Nun habe ich gehört, dass mein Vater heute Nacht wieder mit den anderen Fischern auf den See will. Sie wollen wieder ihrem alten Beruf nachgehen und fischen. Wie gut, dass Vater nicht alleine ist. Seine Kollegen waren auch mit Jesus unterwegs. Aber alle sind noch ziemlich durcheinander. Ich hoffe, dass sie heute Nacht Erfolg haben, denn das brauchen sie dringend. Sie haben so viel Schwieriges erlebt in den vergangenen Tagen. Ich wünsche ihnen von Herzen volle Netze. Ich darf nicht mit, das weiß ich jetzt schon. Aber ich will, sobald ich aufwache, an den See gehen und schauen, ob sie etwas gefangen haben.

(Benjamin geht weg. Einige Lichter im Kirchenraum werden wieder angeschaltet.).

2. Teil der Erzählung

(Benjamin kommt wieder, geht in Richtung Fischerboot.)

So, nun bin ich am Ufer. Es ist Morgen. Mal sehen, wie es meinem Vater und den anderen Fischern geht. Sie sehen müde aus. Ich glaube, sie haben nichts gefangen. Das Boot liegt nicht so tief im Wasser. Ich höre, wie jemand vom Ufer aus ruft: »Kinder, habt ihr nichts zu essen?« Die Männer sagen traurig: »Nein, nichts!« Nun höre ich, wie die Stimme weiterredet: »Werft das Netz zur rechten Seite des Bootes aus, so werdet ihr finden.« Komisch, es ist taghell. Da sind doch die Fische tief unten im See. Aber mein Vater und seine Kollegen gehorchen der Stimme. Wer ist das wohl, der ihnen das zuruft?

(Pause, Benjamin geht hin und her und hält die Hand vor die Augen. Er schaut in die Ferne.)

Nun sehe ich, dass sie zurückkommen. Das Boot ist voll. Viele Fische sind im Netz. Die Fischer müssen mit aller Kraft das Netz in das Boot ziehen. Sie schaffen es fast nicht. Ich freue mich für meinen Vater. Jetzt geht es ihm bestimmt besser. Wir haben alle etwas zu essen.
Ich sehe den Mann am Ufer, der mit den Fischern geredet hat. Er hat ein Feuer gemacht. Nun winkt er mich her. Ich gehe zu ihm. Er fragt mich: »Kannst du Brot holen?« Ich sage: »Ja, meine Mutter backt jeden Morgen frisches Brot.« Ich gehe heim und hole Brot von meiner Mutter. Zu Hause erzähle ich meiner Mutter, was ich gesehen habe. Meine Mutter sagt: »Ich will mitgehen. Deine Geschwister nehmen wir auch mit. Vielleicht können wir dort gemeinsam essen.« Ich freue mich und gehe mit den Broten schon vor, damit sie auf dem Feuer gebacken werden können.
Ich höre, wie der Mann zu meinem Vater sagt: »Bringt von den Fischen, die ihr heute gefangen habt!« Aber was genau tut nun mein Vater? Er zieht sein Übergewand an, das im Boot liegt und schwimmt ans Ufer. Warum tut er das?
Das habe ich erst später verstanden. Der Mann am Ufer war Jesus. Mein Vater spürte: Das ist Jesus, den wir tot geglaubt haben. Er, der auferstandene Herr, kommt zu uns Fischern!«

Ich glaube, mein Vater ist jetzt wieder der Alte, oder ist er doch verändert? Auf jeden Fall ist er seit diesem Tag wieder froh. Mein Wunsch wurde Wirklichkeit: Jesus kam zu uns und redete mit meinem Vater. Jesus lud uns alle zu einem Frühstück ein. Die Fischer brachten die Fische, die Jesus ihnen ins Netz gehen ließ. Und ich sah mit meinen Augen und hörte mit meinen Ohren, was mein Vater so oft von Jesus erzählt hat: Er brach das Brot, sprach ein Dankgebet zu seinem Vater im Himmel und gab uns allen ein Stück Brot.

(Alle Lichter gehen an. Benjamin erzählt zu Ende.)

Sicher könnt ihr euch vorstellen, dass ich diesen Ostermorgen nie in meinem Leben vergessen werde. Jesus kam zu uns. Er machte ein Feuer und ich spürte: Jesus bringt Licht und Wärme in unser Leben. Mein Vater merkte: Jesus schenkt mir wieder volle Netze. Er steht zu mir. Er segnet mich und teilt mit mir das Leben. Er stärkt mich für mein Leben.
Dieses erste Osterfrühstück bleibt mir unvergesslich. Jesus, der Auferstandene, kommt ans Ufer unserer Nacht, unserer Erfolglosigkeit und unserer Angst. Er wartet darauf, dass er uns den Tisch unseres Lebens neu decken kann. Ich wünsche es mir und euch allen, dass wir erkennen: Es ist der Herr – von ihm kommt uns Hilfe und neuer Lebenssinn!«

Aktion: Brot miteinander teilen und sich zusprechen: »Jesus ist bei dir!«

(Der/die Liturg/in leitet die Aktion ein. So könnte dies formuliert werden:)

Jesus hat mit seinen Freunden und ihren Familien das Brot geteilt. Er hat mit ihnen gegessen und ihnen damit gezeigt: »Ich bin bei euch!«
Wir wollen nun auch Brot miteinander teilen und sprechen das Tischgebet.

Tischgebet
Wir beten:
Vater im Himmel, wir danken dir,
dass du alles wachsen lässt,
was wir brauchen für unser tägliches Brot.
Wir danken dir, dass du uns durch das Brot deine Liebe und Nähe zeigst.«

Zuspruch
Wir teilen miteinander. Dazu machen wir aus jedem Brötchen vier Teile.
Wir geben unserem Nachbarn oder unserer Nachbarin einen Teil weiter, schauen sie oder ihn freundlich an und sagen: »Jesus ist bei dir. Amen.«

Gebete und Rituale

Votum/liturgischer Gruß: Das Licht der Welt

(Dabei werden nacheinander drei Altarkerzen entzündet.)

— Wir zünden die erste Kerze an, weil Gott das Licht geschaffen hat.
— Wir zünden die zweite Kerze an, weil Jesus, der Auferstandene, das Licht für die Welt ist.
— Wir zünden die dritte Kerze an, weil der Heilige Geist Menschen für Gott entflammt. In seinem Namen feiern wir den Gottesdienst. Amen.

Glaubensbekenntnis für Kinder

Das glaube ich:
Ich glaube an Gott,
der die Welt gemacht hat;
die Erde, das Wasser,
die Luft und das Feuer,
alle Pflanzen und Blumen,
alle Tiere und die Menschen.

Ich glaube an Jesus, Gottes Sohn,
der in die Welt gekommen ist,
um uns Menschen zu retten.
Dafür hat er gelebt,
dafür ist er gestorben,
dafür ist er auferstanden.

Ich glaube an den Heiligen Geist,
den Geist von Gott, den Geist von Jesus.
Gottes Heiliger Geist macht es,
dass ich glauben und danken kann,
andere Menschen lieben kann
und ihnen Gutes tun.

Was Gott mir gibt,
gebe ich weiter, solange ich lebe.

(mündlich überliefert)

Fürbittengebet

Herr Jesus Christus, wir sind oft im Dunkeln mit unseren Sorgen, mit unserem Versagen, unserer Schuld und unserer Angst um die Zukunft.
Wir bitten dich, schenke uns, dass uns deine Osterbotschaft »dämmert«, dass wir dein Licht und deine Wärme in unser Leben lassen. Und lass auch andere Menschen etwas von deinem Auferstehungslicht spüren.

Vater im Himmel, wir danken dir, dass du deinen Sohn vom Tod auferweckt hast. Wir danken dir, dass der Tod nicht das Letzte ist. Wir danken dir, dass du Leben willst und Leben schaffst, immer wieder neu.
Wir danken dir, dass du für uns Brot und viele andere leckere Dinge wachsen lässt. Hilf uns, in diesen Gaben dich, den Geber, zu sehen und sie mit anderen zu teilen.

Herr Jesus Christus, wir bitten dich für alle, die traurig und resigniert sind. Schenke ihnen Trost und neue Hoffnung.
Herr Jesus Christus, wir bitten dich für alle kranken und alten Menschen. Lass keine und keinen allein.

Gemeinsam beten wir weiter, wie du es uns gelehrt hast:
(Das »Vaterunser« mit Gebärden schließt sich unmittelbar an.)

Vaterunser mit Gebärden

Vater unser im Himmel!	*Beide Arme ellbogenhoch erheben und die Hände nach oben öffnen.*
Geheiligt werde dein Name.	*Arme und Hände langsam weiter nach oben führen.*
Dein Reich komme.	*Die Hände gehen weit auseinander und berühren die Handfläche des Nachbarn.*
Dein Wille geschehe, wie im Himmel,	*Der rechte Arm zeigt nach oben,*
so auf Erden.	*der linke Arm zeigt nach unten.*
Unser tägliches Brot gib uns heute.	*Die Hände werden vor dem Körper wie eine Schale gehalten.*
Und vergib uns unsere Schuld.	*Arme vor dem eigenen Oberkörper gekreuzt auflegen.*
wie auch wir vergeben unseren Schuldigern.	*Rechte und linke Hand dem Nachbarn geben.*
Und führe uns nicht in Versuchung,	*Hände abwehrend nach vorne schieben.*
sondern erlöse uns von dem Bösen.	*Hände der Nachbarn fassen, gemeinsam nach oben führen und lösen.*
Denn dein ist das Reich	*Arme am Körper angewinkelt und Hände ausgestreckt, als ob man in einem schweren Buch liest.*
und die Kraft und die Herrlichkeit	*Mit ausgestreckten Armen die Hände der Nachbarn ergreifen und gemeinsam nach oben führen.*
in Ewigkeit.	*Hände der Nachbarn loslassen. Die Arme beschreiben über dem Kopf einen Kreis, bis die beiden Hände sich berühren.*
Amen.	*Hände falten und sich verneigen.*

Segen

Der Herr segne euch und behüte euch, wie Abraham und Sara.
Der Herr segne euch und vergebe euch, wie er es bei Petrus tat.
Der Herr segne euch und mache euch gewiss: Jesus ist bei euch alle Tage.

▷▷▷

Weitere Ideen

Im Anschluss an den Gottesdienst könnte ein gemeinsames Mittagessen stattfinden. Wie wäre es mit einem Feuer, an dem gegrillt wird, z.B. Fische und Fischstäbchen für die Kinder?
Die Kinder könnten zum Gottesdienst auch ihre Taufkerze mitbringen und sie am Ende des Gottesdienstes an einer der drei Kerzen am Altar anzünden (siehe »Votum/liturgischer Gruß« S. 66). So könnte mit der Taufkerze ein Osterlicht nach Hause genommen werden.
Die Brötchen kann man auch mit einer Gruppe der Gemeinde selbst backen. Sie könnten auch eingefroren werden. Dann braucht man sie nur vor dem Gottesdienst aufzubacken.
Auf die Brötchen kann ein Kreuz, als Zeichen für Jesus, gedrückt werden.
Hier ein Rezept dazu:

Brötchen für die Mahlfeier

Für ca. 20 Stück: ein Glas Wasser, ein Glas Öl, je ein Teelöffel Salz und Zucker, zwei Gläser Mazzenmehl und vier Eier

1. Wasser, Öl, Salz und Zucker aufkochen
2. Mazzenmehl und Eier unterrühren
3. 20 Teile zu Brötchen formen
4. Bei ca. 200° C etwa 40 Min. backen

(aus: Naomi Berger, Das koschere Kochbuch, Stuttgart 1995)

Literatur

Jens Herzer, Ostern – Himmelfahrt – Pfingsten – Weihnachten. Was wissen wir über die Ursprünge des Christentums?, Reihe: Im Brennpunkt: Die Bibel, Evangelische Haupt-Bibelgesellschaft und von Cansteinsche Bibelanstalt; Berlin 2000

Adolf Schlatter, Das Evangelium nach Johannes. Erläuterungen zum Neuen Testament (Band 3), Calwer Verlag, Stuttgart 1979

Ingo Baldermann, Auferstehung sehen lernen. Entdeckendes Lernen an biblischen Hoffnungstexten, Wege des Lernens Band 10, Neukirchener Verlag, Neukirchen-Vluyn 1999

Cornelia Mack (Hrsg.), Ideen für Ostern. Bastelanleitungen & Rezepte, Gedichte & Geschichten für Kinder von 4–12 Jahren, Hänssler Verlag, Holzgerlingen, 2. Auflage 2003

Naomi Berger, Das koschere Kochbuch, WIZO Württemberg e.V., Stuttgart 1995

Wind und Feuer

Ein Familiengottesdienst zu Pfingsten mit pantomimischem Spiel zu Apostelgeschichte 2

Carmen Gremmelspacher

Zum Pfingstfest

Pfingsten ist seit dem Ende des 4. Jahrhunderts ein eigenständiges Fest. Wir feiern das Pfingstfest 50 Tage nach Ostern. Dieser Tag bildet den Abschluss der Osterzeit. Das Wort Pfingsten stammt aus dem Griechischen und bedeutet fünfzig. In der hebräischen Sprache heißt Pfingsten so viel wie: Atem, Wind, Hauch.

Pfingsten ist das Fest des Heiligen Geistes, dem Geist, der in die mutlosen, scheinbar allein gelassenen Jünger gefahren ist. Dieser Geist, dieser frische Wind, brachte den trauernden Freunden Jesu die Erkenntnis, was nun zu tun ist. Der Geist bewirkte, dass die Jünger Feuer und Flamme wurden, um die Botschaft Jesu zu verbreiten.

In den Symbolen Feuer und Wind drückt sich die Botschaft dieses Festes anschaulich aus.

So wie ein Feuer alles Brennbare erfasst und entzündet, so will uns der Geist Gottes mit der Liebe entflammen.

So wie der Wind alles durcheinander wehen, Altes durchwirbeln, wegblasen kann, und dadurch Freiraum für Neues und Lebendiges schafft, so will der Geist Gottes in uns wirken.

Der Wind, der Atem, der Hauch sind unsichtbare Elemente, die eine große Wirkung haben.

Religionspädagogische Überlegungen

Auch Kinder kennen die Wirkungen des Windes. Sie wissen, wie wichtig der Atem für die Menschen ist. Ohne die unsichtbare Atemluft sterben alle Lebewesen nach kurzer Zeit. So nötig wir die Luft zum Atmen brauchen, so notwendig ist für uns der Geist Gottes. Unauffällig und kaum zu merken, tut er Großes in uns. Wir sind auf ihn angewiesen wie auf die Atemluft, nehmen aber beide im Alltag kaum wahr.

Nur manchmal, wenn uns »die Puste ausgeht«, dann spüren wir, wie wichtig diese »Puste« für uns ist. Und noch viel seltener spüren wir einen Windhauch des Heiligen Geistes in uns, der ganz schnell, ehe wir ihn fassen können, schon wieder weg ist, aber viel in uns auslösen kann.

In diesem Gottesdienst zum Pfingstfest sollen die Kinder und Erwachsenen davon erfahren.

Der Text und seine Botschaft

Angestiftet von ihren plötzlich erkannten Möglichkeiten (die Freunde Jesu verstanden fremde Sprachen und konnten sie sprechen, Apg. 2,7–11), machten sich die Apostel in alle Himmelsrichtungen auf. Sie waren so übervoll von Gottes Botschaft, dass sie allen Menschen davon berichten wollten. Noch am selben Tag, so berichtet die Bibel, ließen sich 3000 Menschen taufen

(Apg. 2,41), um auch an dem Feuer, das von den Freunden Jesu ausging, teilzuhaben.
Das Pfingstfest und die Tauffeier sind deshalb eng miteinander verbunden. Bei jeder Taufe soll das Feuer, das der Geist uns an Pfingsten gebracht hat, weitergegeben werden. Wir, die Gemeinde, sind dazu aufgefordert, das Feuer dieses Geistes zu entfachen und zu nähren, d.h. Bedingungen zu schaffen, die dem Feuer Nahrung zum Brennen geben.
Erinnern wir uns immer wieder an die Flamme, die in uns »brennt«, die uns glauben, hoffen und lieben lässt. Erinnern wir uns an Momente, in der die Flamme lichterloh gebrannt hat und Licht, Hoffnung, Mut und Ideen für weitere Schritte gegeben hat. Erinnern wir uns an unsere Verantwortung gegenüber anderen Menschen, nicht zuletzt im Kinder- und Familiengottesdienst. Erzählen wir von dieser Flamme des Geistes Gottes und versuchen wir es jeder/jedem zu ermöglichen, »ihre«/»seine« Flamme zu spüren.
In diesem Gottesdienstentwurf nehmen wir die Tauferinnerung auf: alle sollen sich erinnern. Vielleicht kann sogar innerhalb dieses Gottesdienstes eine Taufe gefeiert werden: die Weitergabe des Geistes Gottes, der von Pfingsten ausgeht.

Gottesdienstablauf

Musik
Begrüßung und Einführung (s. rechte Seite)
Psalmgebet (s. Seite 73)
Lied: »Der Geist des Herrn erfüllt das All« (EG 554, Regionalteil; GL 249)
oder: »Alles, was Odem hat« (LJ 476)
Evangelium: Pantomimisches Spiel der Kinder (s. Seite 72)
Lied: »Lasst euch anstiften« (s. Seite 76)
Friedensgruß in verschiedenen Sprachen (s. Seite 73)
Gebet zur Tauferinnerung (s. Seite 75)
Lied: »Vergiss es nie« (s. Seite 77)
Gebet: Windmeditation (s. Seite 74)
Lied: »Mashiti Amen« (s. Seite 78)
Segensgebet (s. Seite 74)

Vorbereitungen

Material- und Checkliste

Zur Begrüßung

— einen Luftballon für jeden Gottesdienstbesucher (auf viele bunte Farben achten)
— ein kleines Schnurstück zum Festbinden des Luftballons
— eine lange Schnur, die durch den Gottesdienstraum gespannt wird

Das Feuer im Altarraum

— Feuerfester Untersatz: Alte Pfanne, Topf oder Metallschüssel
— Kerze bzw. Holz und Seidenpapier (gelb, orange, rot) für das Feuer
— Brennpaste
— Streichhölzer

Die Musik bei der Erzählung

— CD-Player
(Ausgewählte CD bei diesem Gottesdienst war: Vangelis, Conquest of Paradise. Denkbar wäre aber auch z.B. ein Ausschnitt aus der Feuerwerksmusik von Georg Friedrich Händel.)
— eventuell Orffsche Instrumente für die Liedbegleitung

Zum Mitnehmen

— Teelicht im Glas
(Dazu kann man sich z.B. vorher leere Babygläser in größerer Stückzahl beschaffen. Die Teelichter müssen eingekauft werden; und lange Streichhölzer zum Anzünden bereitlegen.)

Bausteine

Begrüßung/Einführung

(Alle Gottesdienstbesucher haben beim Hereinkommen einen bunten Luftballon und ein kleines Schnurstück bekommen.)

Guten Morgen. Wir freuen uns, dass Sie da sind, dass ihr Kinder da seid. Heute feiern wir Pfingsten, das Fest, an dem die Freunde Jesu begriffen haben, dass sie nur etwas Neues beginnen können, wenn sie auf andere zugehen, wenn sie versuchen, andere zu verstehen.
Deshalb haben wir uns eine kleine Aktion ausgedacht. Sie haben einen Luftballon erhalten, den blasen Sie, den blast ihr jetzt bitte auf. Mit der Schnur wird er dann zugebunden und an die große Schnur gehängt.

(Jede/r füllt den Luftballon mit ihrem/seinem Atem. Gibt also etwas von sich in den Ballon, damit dieser rund und schön wird. Dann werden die Luftballons an einer langen Schnur aufgehängt. Viele helfen mit, damit es rasch geht. Jetzt sind alle sichtbar, kunterbunt und verschieden im Altarraum oder in der Gottesdienstmitte vertreten.)

Als die Jünger begriffen hatten, dass sie die Botschaft von Jesus nicht für sich behalten dürfen, sondern alle Menschen daran teilhaben lassen sollen, da kehrte Freude und Sinn in ihr Leben ein.
Weil die Jünger alle an ihrer Freude teilnehmen ließen, haben auch wir heute noch Grund zum Feiern. Wenn damals nicht der Geist Gottes gekommen wäre, der die Jünger zum Aufbruch motiviert hat, dann säßen wir heute nicht beieinander.
Die Teilhabe an der Gemeinschaft der Christen feiern wir erstmalig mit der Taufe. Durch unsere Taufe sind wir ein Teil der Christenheit auf der ganzen Welt. Wir sind Freunde von Jesus.
Dadurch sind auch wir Mittler der Botschaft Jesu an alle Menschen: »Gott hat dich lieb! Du bist wichtig und einzigartig!«
In diesem Gottesdienst wollen wir uns daran erinnern. Stellvertretend für uns tanzen die Luftballons, die wir gerade aufgehängt haben. Sie sind so bunt und verschieden wie wir. Sie sind gefüllt mit unserem Atem.

▷▷▷

Erzählung

Erzählung und pantomimisches Spiel (Apostelgeschichte 2)

(Die Pfingsterzählung wird mit den Kindern nachgespielt, die im Gottesdienst da sind. Man muss erklären, dass die Kinder die Erzählung mit einem pantomimischen Spiel begleiten, indem sie z.B. traurig schauen/jubeln/klatschen. Die Kinder werden gebeten, sich – wenn das räumlich möglich ist – im Kreis um ein kleines Feuer zu setzen. Das Feuer kann eine brennende Kerze sein oder ein virtuelles Feuer aus Holz und zerknülltem Seidenpapier in den Farben rot, gelb, orange, s. Seite 70)

Erzähler/in: Fünfzig Tage nach Ostern feierten die Juden wieder ein Fest. Dazu hatten sich die Freunde und Freundinnen Jesu in Jerusalem getroffen. Es war das Fest, an dem die Juden an den Bund dachten, den Gott am Berg Sinai mit ihnen geschlossen hatte. Dazu kamen viele Menschen nach Jerusalem, sogar aus fernen Ländern. So war es auch in diesem Jahr.
Die Freunde Jesu aber saßen traurig beisammen. Sie waren alle sehr verzweifelt. Jesus war gestorben, und sie wussten nicht, wie sie ohne ihn weiterleben und sich wieder freuen sollten.

(Die Kinder werden aufgefordert mutlos und traurig zu schauen.)

Erzähler/in: Aber an diesem Pfingstfest geschah etwas Unerhörtes. Es war Morgen. Auf den Straßen von Jerusalem waren schon viele Menschen unterwegs zum Tempel. Doch plötzlich – was war das?
Es brauste.

(Die Erwachsenen dürfen Windgeräusche instrumental oder mit dem Mund imitieren. Der Wind wird starker und stärker ...)

Erzähler/in: Ein Sturm brach los. Erschrocken blieben alle Leute stehen und schauten sich um. Woher kam nur dieses plötzliche Brausen?
Da rief einer: »Schaut dieses Haus dort!« Aus dem Haus, in dem die Freunde Jesu saßen, drang der brausende Jubel durch alle Fenster.

(Die Kinder werden aufgefordert zu jubeln. Auf ein Handzeichen werden sie wieder leise.)

Erzähler/in: Neugierig liefen viele Leute zu dem Haus. Die Jünger sangen Loblieder, es sprudelte nur so aus ihnen heraus.

Erzähler/in: Der Sturm hatte das Feuer größer gemacht und über den Köpfen der Jünger schwebte das Feuer. Es sah so aus, als ob alle Feuer gefangen hätten.

(Die Feuerstelle wird vergrößert. Eine Möglichkeit wäre es jetzt, eine kleine Feuermeditation zu machen: Nach Möglichkeit wird der Raum verdunkelt. In der Mitte steht auf einem feuerfesten Untergrund eine alte Pfanne oder ein ähnliches Gerät. Darin ist eine kleine Menge Brennpaste eingefüllt. Diese wird entzündet und die Flammen werden, nur von Musik begleitet, still betrachtet. Das begleitende Musikstück sollte Begeisterung vermitteln. Vorschläge s. Seite 71)

Erzähler/in: Die Leute kamen aus dem Staunen nicht mehr heraus. »Was ist nur mit diesen Menschen passiert?«, fragten sie. »Sie reden ohne Unterbrechung und wir können sie alle verstehen, obwohl wir aus fernen Ländern kommen und verschiedene Sprachen sprechen. Woher kennen sie unsere Sprache?«

Niemand verstand, was da geschehen war.
Gottes Geist hatte die Jünger erfasst. Unbeschreibliche Freude erfüllte sie. Alle Angst war verflogen. Nun hatten sie Mut, zu den Menschen zu gehen und von Jesus zu reden.
Weit öffneten sie ihre Türen und gingen hinaus auf die Straße. Petrus sprach zu der Menschenmenge: »Ich will euch erklären, was mit uns passiert ist. Gott hat uns seinen Geist geschickt, darum reden wir in allen Sprachen zu euch: Jesus lebt, er ist nicht tot. Er ist der Retter der ganzen Welt. Lasst euch taufen, dann schenkt Gott auch euch seinen Geist.«
Da ließen sich ganz viele taufen. Die Jünger hatten sie »Feuer und Flamme« für Jesus gemacht.
Auch wir sind getauft. Bei unserer Taufe haben wir etwas mitbekommen, das zeigen will, dass auch wir »Feuer und Flamme« für Jesus sind: unsere Taufkerze.
Zur Erinnerung an unsere Taufe werden jetzt alle Kinder eine Kerze an diesem Pfingstfeuer anzünden.

(Alle Kinder erhalten ein Teelicht in einem Glas, damit sich auch die Kleinen nicht die Finger verbrennen.)

Erzähler/in: Alle tragen nun etwas vom Geist Gottes an ihren Platz, zu ihren Familien.

Gebete und Lesungen

Friedensgruß
Dazu bitten wir einige Mitfeiernde, die eine andere Sprache beherrschen, in ihrer Sprache (am Mikrofon oder in kleinerer Runde vom Platz aus) den Wunsch »Friede sei mit dir« zu sprechen. Die Gemeinde wiederholt den gehörten Wunsch.
— Frieden sei mit dir
— Peace with you
— Shalom
— Pacem
— Paix
— Pace
— Paz

Lobet Gott, Halleluja (nach Psalm 150)

Halleluja!
Lobet Gott, überall, denn er ist überall.

Alle: Lobet ihn!

Lobet Gott für alles, was er Großartiges tut.

Alle: Lobet ihn!

Lobt Gott, der größer ist als alles!

Alle: Lobet ihn!

Lobet Gott mit Singen und Musizieren.

Alle: Lobet ihn!

Lobet Gott mit Trommelwirbeln und Tanz.

Alle: Lobet ihn!

Alles, was atmet, Menschen, Tiere und Pflanzen, lobet Gott.
Halleluja.
(Carmen Gremmelspacher)

Segensgebet

Gott, der du uns Vater und Mutter bist,
du hast uns alle beim Namen genannt.
Du hast uns deinen Atem gegeben,
damit wir leben.
Wir bitten dich, bleibe bei uns,
um uns zu stärken,
damit wir genügend Atem haben,
um von deiner Liebe zu erzählen.

Der Segen des guten Gottes
sei bei euch und bleibe bei euch,
heute und in Ewigkeit.
(Carmen Gremmelspacher)

Windmeditation

(Alle werden eingeladen, die Augen zu schließen und den folgenden Worten und Bildern nachzuspüren. Der Text wird langsam und mit entsprechenden Pausen zum Nachspüren vorgelesen.)

Ich schließe die Augen und träume vom Wind.
Ich stehe im Haus vor der Haustür.
Ich öffne die Türe und spüre den ersten Lufthauch.

Geh hinaus!
Du spürst die Luft.
Sie dringt in dich ein.
Du spürst den Atem.
Er strömt in dich ein.
Er kommt aus dir heraus.
Du kannst leben.
Geh hinaus, wenn der Wind weht!
Du spürst seine Kraft.
Er kann wehen, brausen, stürmen.
Er kann dich streicheln.
Er kann deinen Drachen steigen lassen.
Er lässt die Blätter wirbeln.

Er bewegt die Wolken.
Du kannst dich von ihm treiben lassen.
Der Wind sagt:
Ich bin leise und laut.
Ich kann säuseln und pfeifen.
Ich kann kühlen und blasen.
Ich bin sanft und wild.

Text: Sr. Esther Kaufmann, aus:
Religionspädagogische Praxis, Bildermappe
»Der Sonnengesang des hl. Franziskus«

Gebet zur Tauferinnerung
(L = Liturg, K = Kinder, A= Alle)

L: Gott hat nicht nur den Himmel und die Erde erschaffen, sondern er hat uns auch seinen Sohn Jesus Christus geschickt, damit er uns zeigt, wer Gott ist und wer wir selber sind. So sagt er in der Taufe zu uns: »Du bist mein geliebtes Kind, ich bin sehr glücklich darüber, dass es dich gibt.« Glaubt ihr, dass ihr Kinder Gottes seid?

K: Ja, das glauben wir.

L: Jesus sagte: »Ihr seid das Licht der Welt.« Glaubt ihr, dass ihr Kinder des Lichts seid?

K: Ja, das glauben wir.

L: Jesus kam, um Frieden zu stiften. Glaubt ihr, dass ihr Kinder des Friedens seid?

K: Ja, das glauben wir.

L: Jesus wollte, dass die Menschen glücklich sind. Glaubt ihr, dass ihr Kinder des Glücks seid?

K: Ja, das glauben wir.

L: Jesus kam, um uns zu zeigen, dass Gott einfach nur Liebe ist. Glaubt ihr, dass ihr Kinder der Liebe seid?

K: Ja, das glauben wir.

L: Jesus zeigte uns, dass wir immer zu Gott kommen dürfen, egal, was wir angestellt haben. Glaubt ihr, dass Gott euch immer vergeben wird?

K: Ja, das glauben wir.

L: Unsere Welt braucht Menschen, die dorthin ein Licht bringen, wo es dunkel ist. Unsere Welt braucht Menschen, die Frieden bringen. Unsere Welt braucht Menschen, die andere Menschen glücklich machen. Und unsere Welt braucht Menschen, die einander lieben und die einander verzeihen, wo jemand schuldig geworden ist. Wollt ihr solche Menschen sein und so mithelfen, dass das Reich Gottes wächst?

K: Ja, das wollen wir.

L: Wenn ihr nun also wisst, dass ihr Kinder Gottes seid, dann könnt ihr darauf vertrauen, dass Gott euch immer nahe ist und dass ihr in Jesus einen Freund habt, der euer ganzes Leben lang fest zu euch halten wird.

A: Amen.

(Oliver Bisanz)

Lieder

Lasst euch anstiften

2. Lasst euch anstiften zur Hoffnung!
Lasst uns Hoffnungsstifter sein!
Und es finden hier und heute
viele Leute,
wieder Hoffnung,
und kein Mensch ist mehr allein;
denn Gott selbst wird bei uns sein.

3. Lasst euch anstiften zum Frieden!
Lasst uns Friedensstifter sein!
Und es finden hier und heute
viele Leute,
wieder Frieden,
und kein Mensch ist mehr allein;
denn Gott selbst wird bei uns sein.

4. Stiftet an mit hellen Leuchten!
Tragt es in die Welt hinein!
Als das Kind im Stall geboren,
so verloren,
kam ein Leuchten
mit ihm in die Welt herein;
denn Gott selbst wird bei uns sein.

5. Lasst euch anstiften zur Liebe;
denn dann findet Frieden statt!
Weil im Stall das Kind, das kleine,
ganz alleine
zu der Liebe
alle angestiftet hat.
Und so findet Frieden statt.

Text: Rolf Krenzer; Musik: Detlev Jöcker; aus: Sei gegrüßt, lieber Nikolaus

Vergiss es nie (Du bist du)

(Lied mit Noten: Mashiti Amen – siehe Seite 78) ▷

Weitere Lieder

»Das wünsch ich sehr« (LJ 488; SL 218)
»Der Himmel geht über allen auf« (LJ 480, SL 197)
»Am hellen Tag kam Jesu Geist« (KG 154; LJ 480)

Mashiti Amen

Literatur

Irmgard Weth, Neukirchener Kinderbibel, Neukirchen-Vluyn, 12. Auflage 2000

Das Kirchenjahr erleben und gestalten, Reihe: Religionspädagogische Praxis 1/1993, RPA Verlag, Landshut

Gott schenkt uns Fülle

Ein Familiengottesdienst zum Erntedankfest mit Bodenbild und Aktionen zu Johannes 2,1–11

Carmen Gremmelspacher

Erntedankfest

Es ist ein Fest im Kirchenjahr, an dem wir die Fülle feiern, die uns Gott in unseren Nahrungsmitteln schenkt. Anfang Oktober, wenn die Ernte eingebracht ist, nehmen wir uns Zeit, danke zu sagen. Hervorgegangen ist unser heutiges Erntedankfest aus dem jüdischen Laubhüttenfest, das an die Zeit erinnert, in der das Volk Israel in Hütten in der Wüste gewohnt hat (3. Mose / Lev. 23,42). Schon in biblischer Zeit war es ein fröhliches Erntefest, wenn die Korn- und Weinernte eingebracht war (5. Mose / Dtn. 16,13).
Immer wieder erfahren wir, dass nicht nur wir Menschen für eine gute Ernte verantwortlich sind. Es gilt, Gott zu danken für die unendliche Vielfalt, die er uns in seiner Schöpfung schenkt. Wir denken an diesem Tag aber auch dankbar an die Menschen, die dazu beitragen, dass wir diese guten Gaben haben.
Beinahe selbstverständlich kaufen und essen wir jeden Tag, was uns gut schmeckt. In unserem Land können wir uns das ganze Jahr hindurch abwechslungsreich ernähren.
Zum Erntedankfest wollen wir die Vielfalt und die Schönheit der Gaben wahrnehmen, für die wir danken möchten. Deshalb stellen wir die Fülle, die Gott uns in seiner Schöpfung immer wieder schenkt, in den Mittelpunkt unseres Feierns.

Religionspädagogische Überlegungen

Weil wir heute im Supermarkt fast alles kaufen können, ist es für die Kinder (und Erwachsenen) von heute notwendig, die Grundzusammenhänge von Säen und Ernten in den Mittelpunkt zu stellen. »Brot, wo kommst du her?«, heißt es in einem Erntedanklied. Es ist nicht selbstverständlich, dass unser Tisch so reich gedeckt ist.
Wie zeigen wir das »Schöpfungsgeschehen« an Erntedank? Doch am besten durch Sehen, Fühlen, Schauen und Beschreiben. Eine besondere Erfahrung ist es, selbst Früchte und Gaben mitzubringen und einen Erntedankaltar zu schmücken. Wo dieser bereits von anderen Gruppen in der Gemeinde vorbereitet wird, kann das Schauen und Beschreiben aufgegriffen werden. Für diesen Erntedankgottesdienst wählen wir die biblische Erzählung von der Hochzeit zu Kana aus. Sie verdeutlicht in besonderer Weise die Fülle, die Jesus schenkt.

Der Text und seine Botschaft (Joh. 2,1–11)

Die Hochzeit zu Kana ist die erste von sieben Wundererzählungen im Evangelium nach Johannes (die weiteren folgen in: Joh. 4,46–54; 5,1–9; 6,1–15; 6,16–21; 9,1–7; 11,17–44). Diese Erzählungen werden im Evan-

gelium nach Johannes als Zeichen verstanden, die dem Hörer die Macht Jesu vor Augen führen sollen. Sie sind Zeichen Jesu, die es zu interpretieren gilt.
Mit der Erzählung von der Hochzeit zu Kana tritt Jesus in die Phase seines öffentlichen Wirkens. Er beginnt mit seinen Taten auf einer Hochzeit, einem der wichtigsten Feste im Leben. Ein Fest, das die Beziehung, die Gemeinschaft in Freude feiert. Diese Wundererzählung steht symbolisch dafür, dass sich Jesus mit seiner Botschaft in die Mitte der Gemeinschaft, des Feierns, der Freude stellen möchte.
Er wird von seiner Mutter Maria aufgefordert, zu helfen. Sie bemerkt, dass dem Gastgeber der Wein ausgegangen ist. Jesus verwandelt das Wasser in den Krügen zu köstlichem Wein, der besser schmeckt als alles andere, was die Hochzeitsgäste bisher getrunken haben. Zeichen dafür, dass mit Jesus eine Zeit anbricht, die aller Not ein Ende setzt, die alles in unendlicher Fülle und Güte bringt. Alle wundern und freuen sich mit.

Gottesdienstablauf

Musik
Lied: »Viele bunte Farben« (s. Seite 88)
Fühlübung zum Thema
(s. Seite 83, mit max. 25 Kindern durchzuführen)
Gebet (s. Seite 83)
Biblische Erzählung: Die Hochzeit zu Kana (Joh. 2,1–11)
Fürbittgebet (s. Seite 83)
Lied: »Alles muss klein beginnen« (s. Seite 86)
Segen (s. Seite 84)
Abschluss (s. Seite 87)

Vorbereitungen

Material- und Checkliste

Eröffnung des Gottesdienstes

— Servietten in den Farben Rot, Gelb, Grün und Blau, je nach Zahl der zu erwartenden Teilnehmer/innen. Die Servietten werden unter den Sitzplatz gelegt und dann beim Kehrvers des Liedes »Viele bunte Farben ...« (s. Seite 82) hervorgeholt.

Für den Erntealtar

— Obst, Gemüse, Früchte, Blumen,
— Werkzeuge, die zum Ernten gebraucht werden wie Sense, Rechen, Sichel, Gartenschere, Säcke, Körbe, Leiterwagen, Tüten.

Für die Fühl-Übung am Anfang

— Drei bis fünf Früchte (Birne, Pflaume, Pfirsich, Kartoffel, eine Ähre)

Für das Fürbittgebet

— Eine Sonnenblume und eine rote Rose,
— verschiedene andere Blumen in den Farben Orange, Blau, Violett und Weiß,
— etwas Grün (z.B. Asparagus).

Für das Erzähl- und Legespiel

- Eine große runde Tischdecke,
- für jedes Kind eine Serviette (einfarbig),
- Legematerial in Körbchen (Glassteine, Stäbchen, Muscheln, Blumen, Samenkörner),
- ein Kerze,
- sechs leere Krüge,
- ein Wassereimer mit Ausguss, um die sechs Wasserkrüge zu füllen,
- ein Krug mit Traubensaft,
- mehrere Körbchen mit Minibrötchen oder kleinen Kuchen (z. B. Trockenkekse).
  Becher für jedes Kind (evtl. Trinkbecher aus dem Kindergarten ausleihen).

Für die Liedgestaltung »Alles muss klein beginnen« (s. Seite 87)

- Runder Brotlaib, eine Wasserflasche, ein Apfel.

Bausteine

Zur Einstimmung: Gestaltung des Erntedankaltares

Im Chorraum bzw. in der Mitte des Gottesdienstraums wird ein Erntealtar gestaltet (s. Bild unten). Mit dem Erntealtar soll die Fülle dessen, was geerntet wurde, visualisiert werden.
Zentraler Gedanke ist, die Fülle der Gaben, die uns geschenkt wurden, sichtbar zu machen.
Meist sind die ortsansässigen Bauern, Marktbeschicker oder Ladeninhaber gerne bereit, Obst, Gemüse oder Blumen für den Erntealtar zu spenden. Fragen Sie die Personen rechtzeitig an (z.B. muss man für Getreideähren im Sommer einem Bauern Bescheid geben, denn im Oktober sind die Felder schon abgeerntet). Dazu können noch verschiedene Früchte des Waldes (Kastanien, Eicheln, Bucheckern, Hagebutten) gesammelt werden. Auch ist es schön, ein selbstgebackenes Brot und einen Krug Wasser mit an den Erntealtar zu stellen, um diese Grundnahrungsmittel auch dabei zu haben. Dann können die Waren am Samstag eingesammelt und mit dem Vorbereitungsteam vor dem Altar gestaltet werden.

Unser Erntedankaltar in Stuttgart-Degerloch, Maria Himmelfahrt Foto: Angela Heisig

Alternativ können die Gottesdienstbesucher mündlich oder schriftlich dazu eingeladen werden, Obst, Gemüse und Blumen zum Erntedankgottesdienst mitzubringen. In diesem Fall wird der Erntealtar von allen gemeinsam gefüllt. Jeder bringt damit seinen persönlichen Dank ein. Hierbei können einige farbige Tücher, Strohballen, Maisstauden, Hagebuttenranken bereits vorbereitet sein.
Die Erntegaben können nach der Feier z.B. an die Kindergärten, Jugendgruppen oder an die Obdachlosenhilfe o.ä. verteilt werden. Dort kann dann das Thema Erntedank nochmals aufgegriffen und die Gaben in Obstsalat, Gemüsesuppe u.a. verarbeitet werden.

Viele bunte Farben

(Alle Gottesdienstbesucher haben unter ihrem Sitzplatz eine Serviette. Sie liegen abwechselnd in den Farben Rot, Gelb, Grün und Blau aus. Jeder ist eingeladen, mit „seiner" Farbe zu winken, wenn sie im Refrain des Liedes erwähnt wird.)

Text: Uwe Seidel, Musik: Fritz Baltruweit, Beatrix Nyga;
aus: Fritz Baltruweit – Meine Lieder, 1996;

Fühlübung zur Einführung in das Thema

Die Kinder bilden einen Kreis. Sie stehen Schulter an Schulter ganz eng aneinander und strecken die Hände auf ihren Rücken. Der/die Leiter/in gibt einem Kind eine Frucht oder ein Gemüse in seine Hände. Das Kind fühlt den Gegenstand. Wenn es ihn erfühlt, erkannt hat, gibt es ihn an das nächste Kind weiter. Dabei wird nicht gesprochen.
In gleicher Weise werden andere Früchte in der Runde weitergegeben. Sind alle Kinder fertig, fragen wir in die Runde, was wohl heute unser Thema sein wird.

Gebete

Eingangsgebet

(Wir halten unsere Hände während des Gebets wie eine offene Schale vor uns.)

Lieber Gott,
du hast uns deine Welt geschenkt.
Mit vielen großen und kleinen wunderbaren Dingen.
Du füllst uns unsere offenen Hände,
dafür danken wir dir.
Lass uns nie das Staunen über deine unendliche Schöpfung verlernen.
(Carmen Gremmelspacher)

Fürbittgebet

(Die Sprecher der Bitten halten die jeweilige Blume in der Hand. Diese wird nach dem Fürbittgebet in eine Vase auf dem Altar gesteckt.)

Gott, du Schöpfer der Buntheit unser Welt,
du kennst unser Leben, das manchmal farblos ist.
Wir bitten dich, bringe Farbe in unser Leben:

Gott, gib uns viel vom Gelb der Sonnenblume,
vom Gelb der strahlenden Sonne, um die Dunkelheit zu erhellen,
die sich manchmal in uns breit macht.

Gott, gib uns vom Orange der ... Blume
(je nach dem welche Sorte in der Farbe orange verfügbar ist),
gib uns von der Wärme gegen alles Unterkühlte in unseren Herzen,
gegen Kälte und Hartherzigkeit in dieser Welt.

Gott, gib uns vom Grün der Gräser, vom Grün des Lebens,
damit lebendig wird, was welk und tot zu sein scheint.
Gib uns vom Grün der Hoffnung gegen alles,
was lähmt und mutlos macht.

Gott, gib uns vom Rot der Rose, vom glühenden Rot deiner Liebe,
damit wir feurig leben, andere anstecken und begeistern.

Gott, gib uns vom Blau des Ozeans und vom Blau des Himmels,
die uns deine unendliche Weite spüren lassen.

Gott, gib uns vom Violett der ... Blume,
vom Violett der Buße für Wege, die zur Umkehr
und zum Neuanfang führen.

Gott, gib uns vom Weiß der ... Blume,
vom Weiß des Unberührten und des Neuen,
um offen zu sein für dich und für das, was du mit uns beginnen willst.

Gott, du Gott der Buntheit unserer Welt, du kennst unser Leben.
Wir danken dir für alle bunten Farben, die unser Leben froh machen.
(Quelle unbekannt; bearbeitet von Carmen Gremmelspacher)

Segensgebet

Guter Gott,
wir sind offen wie ein Krug.
Fülle du uns mit deinem Segen,
dass wir in alle Welt hinausgehen
und einander ein Segen sein können.
(Carmen Gremmelspacher)

Erzählung

Biblische Erzählung: Die Hochzeit zu Kana als Bodenbild gestaltet

(In der Mitte wird eine große runde Tischdecke oder ein rundes Tuch ausgebreitet.)

Wir bitten, dass möglichst viele Kinder sich im Kreis um unseren runden Tisch setzen.
Jedes Kind erhält nun eine Serviette, die es ausgebreitet vor sich auf das Tischtuch legen soll.

(Die Serviette kann nun mit Legematerial wie: Glassteinen, Kugeln, Stäbchen, Muscheln, Blumen u.a. verziert werden. – Abb. 1 – Dazu spielt eine leise Musik im Hintergrund.)

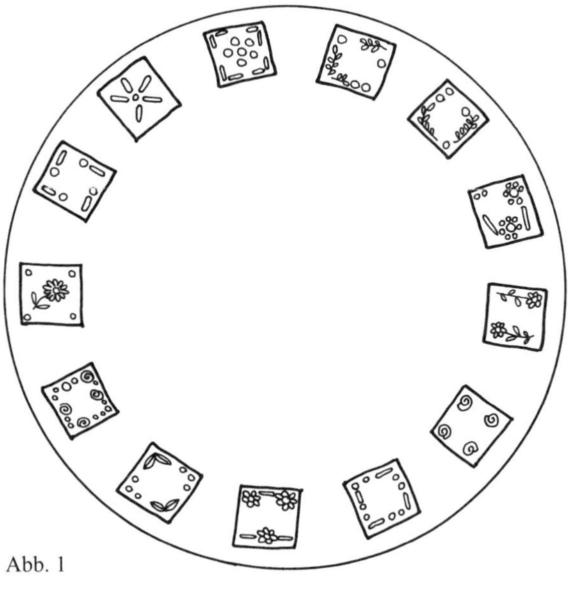
Abb. 1

Jetzt haben wir einen festlich gedeckten, großen Tisch, wie bei einem ganz besonderen Fest, z.B. einem Hochzeitsfest. Wir alle sind dazu eingeladen. Es soll auch etwas Leckeres zum Trinken geben.

(In die Mitte wird ein Krug mit Traubensaft gestellt. Dann wird die Geschichte von Jesus bei der Hochzeit zu Kana erzählt. – Abb. 2)

In einem kleinen Dorf, das Kana heißt, wird eine Hochzeit gefeiert.
Viele Gäste sind eingeladen.
Maria, die Mutter Jesu, ist bei den Gästen dabei.
Auch Jesus ist zu dem großen Fest eingeladen.

(Wir stellen eine brennende Kerze in die Mitte als Zeichen für die Anwesenheit Jesu.– Abb. 3)

Alle Gäste freuen sich über die Braut und den Bräutigam.
Sie freuen sich, dass sie das Fest mitfeiern dürfen.
Sie sind fröhlich, singen und lachen, essen und trinken Wein.

Doch plötzlich geht der Wein aus.
Es gibt nichts mehr zu trinken.
Alles ist leer.

Maria bemerkt es zuerst.
Ganz leise geht sie zu Jesus und flüstert ihm ins Ohr: »Jesus, sie haben keinen Wein mehr! Hilf ihnen doch.«

Jesus antwortet seiner Mutter: »Mutter, meine Stunde ist noch nicht gekommen.«

Maria geht zu den Dienern und sagt zu ihnen: »Tut das, was Jesus zu euch sagt.«

Dann geht Jesus zu den Dienern und sagt zu ihnen: »Füllt die Krüge mit Wasser!«

Er weist dabei auf sechs große Krüge, in die viele Liter passen. Die Diener gehorchen und füllen die Krüge bis zum Rand mit Wasser.

(Die Kinder oder der/die Gottesdienstleiter/in füllen sechs Krüge mit Wasser oder stellen sechs bereits mit Wasser gefüllte Krüge in die Mitte. – Abb. 4)

Als alle Krüge voll sind, sagt Jesus zu einem der Diener: »Schenke dir aus dem Krug ein Glas ein und probiere es.«
Doch seltsam, in den Krügen war kein Wasser mehr. Es war Wein aus dem Wasser geworden.
Niemand wusste, woher der Wein kam.
Nur die Diener wussten, dass Jesus das Wasser zu Wein verwandelt hatte.

Das war das erste Mal, dass Jesus ein Wunder vollbrachte.
Damit wollte er den Menschen zeigen, wie sehr er sie liebte.
Deshalb schenkte er ihnen Freude.
Jesus will, dass wir miteinander feiern und unser Leben ein Fest wird.
Jesus will, dass wir das Leben in Fülle haben.

Wir sind jetzt auch zu diesem Fest eingeladen. Wir trinken von dem Krug, denn jede und jeder gehört dazu.

Abb. 2

Abb. 3

Abb. 4

(Jeder/jede bekommt ein Glas und einige »Diener« schenken aus dem Krug ein. Man kann auch miteinander ein größeres Fest feiern. Jedes Kind bekommt dann z.B. einen Becher Saft und ein Stück Kuchen oder einen Apfel und ein Stück Brot.)

So wie Jesus dafür sorgte, dass die Hochzeitsgäste Wein zu trinken hatten und ihr Fest weiter feiern konnten, so schenkt uns Gott die Fülle der Gaben *(auf Erntealtar verweisen)*, die wir essen und trinken können, damit unser Leben ein Fest ist.

Alles muss klein beginnen

2. Schau die feine Quelle zwischen Moos und Stein,
sammelt sich im Tale, um ein Bach zu sein.
Wird zum Fluss anschwellen, fließt zur Ostsee hin,
braust dort ganz gewaltig, singt das Fischlein drin:

3. Schau die leichte Flocke, wie sie tanzt und fliegt
bis zu einem Ästchen, das unterm Schnee sich biegt.
Landet da die Flocke, und durch ihr Gewicht
bricht der Ast herunter, und der Rabe spricht:

4. Manchmal denk ich traurig: »Ich bin viel zu klein!
Kann ja doch nichts machen!« Und dann fällt mir ein:
Erst einmal beginnen. Hab ich das geschafft,
nur nicht mutlos werden, dann wächst auch die Kraft.
Und dann seh ich staunend: Ich bin nicht allein.
Viele Kleine, Schwache stimmen mit mir ein:

(Gemeinsam wird der Refrain des Liedes »Alles muss klein beginnen« eingeübt. Dazu gibt es folgende Bewegungen:)

Alles muss klein beginnen.	*sanft die Handflächen reiben*
Lass etwas Zeit verrinnen.	*mit den Fingern schnipsen*
Es muss nur Kraft gewinnen	*in die Hände klatschen*
und endlich ist es groß.	*in die Luft springen und die Hände nach oben strecken*

(Die Strophen werden dazwischen gesprochen und der nachfolgende Text wird dazu gelesen. Eines der Kinder nimmt das entsprechende Symbol in die Hand und zeigt es.)

Brot (zur 1. Strophe):
Es war einmal ein ganz kleines Weizenkorn. Das wurde von einem Bauer gesät. Unter der Erde bildete es kleine Wurzeln und streckte langsam einen kleinen Halm durch die Erdschicht. Die Sonne schien und der Regen fiel, der Halm wuchs und wurde dicker. Dann bildete sich eine Ähre, viele kleine Körner waren gewachsen. Der Bauer erntete das Korn und brachte es in die Mühle. Dort wurde es vom Müller zu Mehl gemahlen. Der Bäcker hat aus dem Mehl ein Brot gebacken.

(Refrain singen: »Alles muss klein beginnen«)

Wasser (zur 2. Strophe):
Eine kleine Wolke flog über uns hinweg. Sie traf immer mehr Wolken und sie schlossen sich zusammen. Da waren sie zu einer dicken, schwarzen Wolke geworden, die ganz schwer am Himmel hing. Die Wolke platzte, und es regnete viele kleine Tropfen auf die Erde. Ein Tropfen fiel in einen kleinen Bach. Der Bach floss in einen großen Fluss und der Fluss strömte gemächlich ins weite Meer.

(Refrain singen: »Alles muss klein beginnen«)

Apfel (zur 3. Strophe):
Es war einmal ein kleiner Kern. Der wurde behutsam von einem kleinen Mädchen in die Erde gesetzt. Jeden Tag begoss das Mädchen ihren Kern. Eines Tages durchbrach ein zarter Keim die Erde. Ein brauner Stiel war zu sehen, der wurde immer größer und dicker. Von Jahr zu Jahr wuchs der Stiel zu einem dicken Stamm, bildetet viele Äste. Immer im Frühling setzte der Baum zarte rosa Blüten an. Diese schönen Blüten lockten die Bienen an, die von Blüte zu Blüte flogen. Kurz darauf waren kleine grüne Früchte zu sehen, die über den Sommer hinweg groß und rot wurden. Da kam das Mädchen und pflückte sich einen Apfel.

(Refrain singen: Alles muss klein beginnen«)

Abschluss

Wir teilen miteinander das Brot, das auf unserem Erntealtar liegt. Alle bekommen ein kleines Stück als Wegzehrung mit nach Hause.
Davor sprechen wir gemeinsam das Gebet:

Jedes Tierlein hat sein Essen,
jedes Blümlein trinkt aus dir.
Hast auch uns heut nicht vergessen,
lieber Gott, wir danken dir.

(Dieses Gebet kann auch auf die Melodie von »Eine Insel mit zwei Bergen« aus Jim Knopf gesungen werden. Dann wird das Brot/die Brötchen ausgeteilt. Die Kinder setzen sich zurück an ihre Plätze.)

Weiterführende Ideen

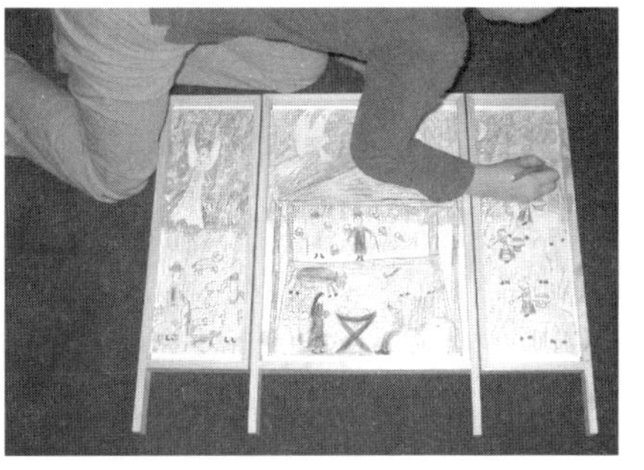

Ergänzend zu den Erntegaben vor dem Altar können auch Altarbilder mit den Kindern gestaltet werden. Flügelaltäre aus Holz zum Ausmalen und Ausgestalten gibt es beim Verlag Der Jugendfreund:

Altar groß (Buche):
70 cm hoch, 60 cm breit, ausgeklappt:
117 cm breit.

Altar klein (Fichte):
45 cm hoch, 30 cm breit, ausgeklappt: 66 cm breit

Dazu gibt es jeweils passend Einlegeplatten aus Holz, die mit Klettverschluss angebracht werden können. Auf diese kann direkt gemalt werden.
Weitere Informationen und Bestellung bei: Verlag Der Jugendfreund, Postfach 10 03 55, 70747 Leinfelden-Echterdingen, Telefon 0711/97 87 87-0

Wenn im Anschluss an den Gottesdienst noch ein gemütliches Beisammensein geplant ist, kann dies z.B. mit Gemüsesuppe und Obstsalat kulinarisch bereichert werden. Dabei kann man auch die Erntegaben verarbeiten (z.B. einen Obstsalat mit den Kindern machen).
Eine andere Möglichkeit wäre, nach dem Gottesdienst ein Zwiebel- und Zwetschgenkuchenfest zu feiern. Die Kuchen werden von jeder Familie vorbereitet und mitgebracht. Oder eine Frauengruppe, die Eltern-Kind-Gruppe, ein Familienkreis oder ein Männerkochkurs gestaltet das Fest.

Literatur

Gertrud Weidinger, Kirsten Strassmann, Mit Kindern durch das Jahr. Christliche Feste feiern und verstehen, Pattloch Verlag, München 2004.

Dietrich Steinwede (Hrsg.), Schöpfung – spielen und erzählen. Kinder begleiten in Schule, Gemeinde und Familie, Gütersloher Verlagshaus, Gütersloh, 2. Auflage 2001

Franz Kett, Esther Kafmann, Maria Langauf, Staunen – Sich freuen – Danken. Erntedank – Schöpfung; Reihe: Religionspädagogische Praxis 3/1980, RPA Verlag, Landshut

Abschied nehmen

Ein Familiengottesdienst mit einem Legebild zum Fühlen und Schauen (mit Eucharistiefeier)

Kindergottesdienstteam der Kirchengemeinde St. Antonius

Zum Thema

Der Totensonntag liegt in der dunklen Zeit des Jahres. Dieser Tag ist besonders wichtig für alle, die einen lieben Menschen verloren haben und an diesem Tag zum Grab gehen. Kann er mit Familien gefeiert und bedacht werden?
Wir meinen, dass es ganz besonders kostbar ist, mit Kindern und Erwachsenen über Tod und Leben, über Werden und Vergehen nachzudenken. Weil Christus den Tod besiegt hat, ist er nicht das Ende, sondern das Tor zu neuem Leben, das ganz anders sein wird. Das Leben zu lieben und den Tod als Beginn des Lebens bei Gott zu sehen, dazu soll dieser Gottesdienst einladen.

Religionspädagogische Überlegungen

Werden und Vergehen ist ein Lebensthema. Das Kind muss sich in seiner Entwicklung damit auseinandersetzen, sonst entstehen Allmachts- und Unendlichkeitsfantasien, die dem Leben nicht entsprechen. Das Nachdenken über »nichts ist unendlich« beginnt schon früh. Etwa ab dem 3. Lebensjahr erlebt das Kind die sogenannte »Objektkonstanz«, d.h. das Fehlen einer Person wird schmerzlich erfahren. Das Kind lernt in dieser Zeit auch, belebt und unbelebt zu unterscheiden. Das Zeitverständnis »heute-gestern-morgen« beginnt.
Das Schulkind lernt dann den Tod logisch und biologisch einzuordnen. Stirbt z.B. ein Haustier oder geht ein lieber Mensch, so wird dies sehr schmerzvoll erfahren. Was gibt Trost und Hoffnung bei Verlust? Was nimmt die Angst, auch die Angst vor dem eigenen Tod? Zum einen haben die Bilder der Natur einen Hoffnungsaspekt. Sie zeigen, dass das Leben weitergeht. Im Herbst fallen die Blätter, viele Pflanzen sterben ab. Aber tief in der Erde geschieht etwas, ein neues Leben wächst heran.
Auch die christliche Hoffnung lebt vom Bild des Vergehens und Neuwerdens. Was tot ist, wird in die Erde gelegt, aber wie bei einem Samenkorn oder einer Zwiebel wird etwas wachsen und neu werden. Wir wissen wenig über das Grab hinaus, aber es gilt das großartige Wort: »Siehe, ich mache alles neu« (Offenbarung 21,5).
Zum Tod gehört das Abschiednehmen. Dies wollen wir in diesem Gottesdienst aufnehmen, weil es für alle Altersstufen gleichermaßen bedeutsam ist. Wer verabschieden kann, kann auch loslassen. Wer Symbole hat, kann Trost erfahren. Wer hofft, kann sich dem Leben wieder zuwenden. Wir wählen den grünen Tannenkranz als Lebenssymbol, denn am Totensonntag werden die Gräber geschmückt. Dieses Symbol will uns helfen, den Zusammenhang zwischen **Tod und Leben** neu zu verstehen.

▷▷▷

Vorbereitungen

Material- und Checkliste

Zur Einstimmung

Pflanzerde wird in schwarze Tücher verpackt. Zum Beispiel könnte die Erde in kleine Plastiktüten gefüllt und mit einem schwarzen Tuch umhüllt werden, das mit einer Schnur zugeknotet ist. Damit das Befühlen durch die Gottesdienstteilnehmer (s. rechte Seite) nicht zu lange dauert, könnte man für jede Bank- oder Stuhlreihe ein solches Päckchen vorbereiten.

Zur Vorbereitung des Bodenbildes

Außerdem muss man sich ebenfalls frühzeitig (vor der Getreideernte) einen Bund Ähren besorgen.
Vor dem Altar wird eine Plastikfolie ausgebreitet. Darüber wird ein braunes Tuch gelegt, in dem weitere Pflanzerde eingepackt wird. Am Beginn des Gottesdienstes liegt also dieses Paket mit Erde vor dem Altar.

Für die Ausgestaltung des Bodenbildes

Es sollten bereits Wochen vorher in Körben Materialien aus der Natur gesammelt werden: Herbstblätter, Blüten, leere Schneckenhäuser, Kastanien, Nüsse, Federn ... Diese werden in Körbchen bereitgestellt. Das Material soll für die Kinder und für alle Gottesdienstbesucher reichen.

Für die Vollendung des Bodenbildes (nach der Kommunion)

— Mehrere schwarze und gelbe Tücher
— Grüne Tannenzweige
— (Oster-)kerze

Für die musikalische Gestaltung während der Prozession

— CD-Player
— CD mit einer Aufnahme des Liedes »Let it be« von den Beatles

Gottesdienstablauf

Lied: »Wir sind hier zusammen« (s. Seite 95)
Begrüßung und Einführung (s. rechte Seite)
Kyrierufe (s. rechte Seite)
Gloria: »Masithi-Amen« (s. Seite 78)
Gebet (s. Seite 92)
Lesung: Ausschnitte aus Psalm 104
Lied: »Mit der Erde kannst du spielen« (KG 138; SL 305)
Fortführung des Bodenbildes (s. Seite 92)
Instrumentallied: »Let it be« während der Prozession der Erwachsenen
Fürbitten (s. Seite 93)
Gabenbereitung: Das Bodenbild wird mit Ähren geschmückt (s. Seite 94).
Gabenlied: »Schau auf unsere Gaben« (s. Seite 96)
(Die Kinder stellen sich bis zum Friedensgruß im Kreis um den Altar auf.)
Sanctus
Hochgebet
Vaterunser
(Die Kinder fassen sich beim Vaterunser an den Händen.)
Friedensgruß: »Schalom chaverim« (EG 434; LJ 245; KG 133; SL 292)
Nach der Kommunion: Schmücken mit gelben Tüchern, (Oster-)kerze entzünden (s. Seite 95).
Lied: »Ubi caritas« (LJ 421; SL 156)
Schlussgebet
Segen
Schlusslied: »Meine Zeit steht in deinen Händen« (LJ 596)

■ Bausteine

Begrüßung und Einführung

(In einem großen braunen Tuch, das vor dem Altar liegt, ist Pflanzerde eingewickelt. Die Kinder kommen nach vorne und befühlen das Tuch. – Weitere Tücher mit Erde liegen verteilt in jeder Bankreihe. Sie sind oben zusammengebunden, damit keine Erde herausfällt. Die Erwachsenen werden eingeladen, das Päckchen jeweils durch die Reihen zu geben und den Inhalt zu ertasten.)

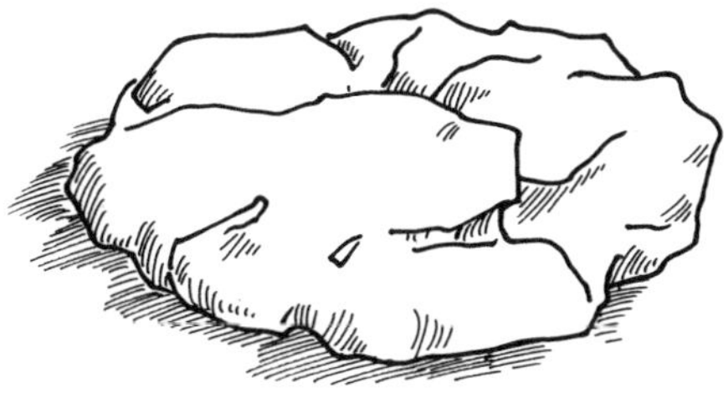

In unserer Mitte liegt ein braunes Tuch. Darunter ist etwas verborgen.
Die Kinder kommen jetzt nach vorne und ertasten, was unter dem Tuch ist. Sie sagen uns, was sie fühlen, was sie spüren, und erzählen nachher, was unter dem Tuch verborgen sein könnte. Aber zunächst wird nichts verraten und das Tuch nicht aufgemacht.
Auch die Erwachsenen sind eingeladen: Unter jeder Bank befindet sich ebenfalls ein solches geheimnisvolles Päckchen. Nehmen Sie es hoch, fühlen Sie und reichen es dann weiter. Aber – nochmals – nichts verraten.
(Die Kinder ertasten der Reihe nach die Erde.)
Was spürt ihr? Wie fühlt sich das an? Was könnte das sein?
(Tuch aufdecken.)

Wozu braucht man Erde? – Was ist in der Erde? *(Die Kinder erzählen.)*
Im Herbst fallen Blätter – und was passiert im Winter mit ihnen? – Die Blätter werden wieder zu Erde und geben anderen Pflanzen Nahrung.
(Die Kinder gehen wieder zu ihren Plätzen zurück.)

Kyrierufe

Herr Jesus Christus,
auch unser Leben ist ein Werden und Vergehen, ein Wachsen und Reifen,
ein Blühen und Welken.

Herr, erbarme dich.

Du selbst hast unter uns gelebt. Bist gestorben und begraben worden.

Christus, erbarme dich.

Du bist aber nicht im Dunkel der Erde geblieben,
sondern in ein neues Leben hinüber gegangen.

Herr, erbarme dich.

Gebet

Gott, unser Vater.
Du bist der Schöpfer aller Dinge.
Du schenkst Leben den Pflanzen, Tieren und Menschen.
Du lässt alles wachsen und gedeihen.
Du hast allem auch eine Zeit gesetzt.
Deshalb gibt es Sähen und Ernten, Reifen und Vergehen,
Helles und Dunkles, Freude und Trauer.
Lass uns dich hinter allem erkennen, was ist und was uns geschieht.
Wir wollen dir vertrauen,
dass du es gut mit uns und deiner Schöpfung meinst,
auch wenn wir sehen, wie vergänglich alles ist.
Stärke unseren Glauben,
darum bitten wir dich durch Christus, unsern Herrn.

Fortführung des Bodenbildes

(Mit den Kindern wird das Bodenbild weiter aufgebaut. Sie kommen deshalb wieder nach vorne. Verschiedene Gegenstände aus der Natur werden in Körben herumgereicht: Blüten, bunte Herbstblätter, Kastanien, Nüsse, Federn, Schneckenhäuser ...)

Die Erde, unsere Welt, ist schön. Wir wollen die Schönheit unserer Erde miteinander erfahren. Wir haben deshalb verschiedene Gegenstände hier, die mit der Erde zu tun haben.

(Die Kinder wählen sich etwas aus. – Sie erzählen, was sie sehen und was das mit der Erde zu tun hat.)

Gott hat so viel Schönes geschaffen, dass wir nur staunen können, wie der Psalmbeter. – Trotzdem bleibt nichts, wie es ist.
(Erzählen, wie es mit den Gegenständen weitergeht.)

Blätter fallen und werden braun – Blumen blühen auf und verwelken. – Pflanzen werden zu Kompost. – Leere Schneckenhäuser: Die Schnecken kriechen tief in die Erde oder sterben. – Die Vögel fliegen fort in ihre Winterquartiere. – Das Samenkorn kann nur in der Erde zu einer neuen Pflanze werden.
Wir müssen von schönen Dingen Abschied nehmen: von den Blumen, vom Sommer, von der Wärme, vom Zwitschern der Vögel; von einem Haustier, das stirbt; von einer Freundin, die wegzieht; oder wenn jemand aus der Familie stirbt. *(Die Kinder in das Aufzählen einbeziehen.)*

Wir müssen Abschied nehmen: Jeder legt deshalb seinen Gegenstand auf unserer Erde ab. Zwei Kinder dürfen die Gegenstände dann begraben ...

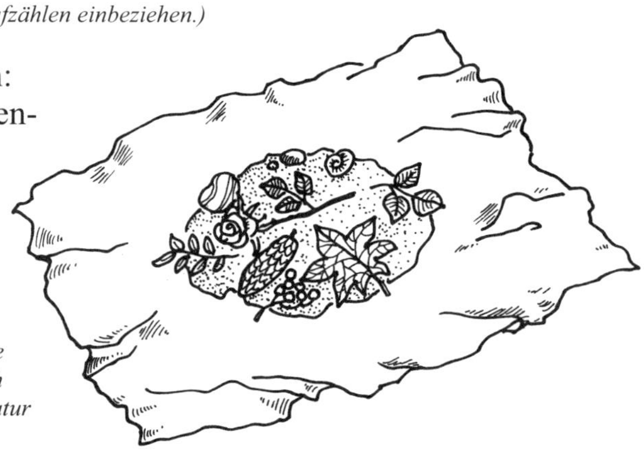

(Die beiden Kinder bedecken die Gegenstände mit Erde. Währenddessen gehen die anderen Kinder mit Körben, in denen noch mehr gesammelte Gegenstände aus der Natur sind, durch die Bankreihen.)

Während Kinder jetzt die Gegenstände, von denen wir Abschied nehmen müssen, begraben, nehmen sich auch die Erwachsenen aus den Körben, die herumgehen, einen Gegenstand, der sie anspricht.
Jeder soll sich Gedanken machen: Wovon muss ich Abschied nehmen? Was betrauere und bedauere ich? Was müsste oder muss ich zu Grabe tragen?
(Kinder gehen in die Bank zurück.)
Die Erwachsenen kommen nun in einer Prozession nach vorne und legen ihre Gegenstände auf der Erde und um die Erde herum ab.

Instrumental: »Let it be«
(Während der Prozession der Erwachsenen von CD abspielen.)

Wir decken jetzt das Bild, das vor uns entstanden ist, mit einem schwarzen Tuch zu. Dies ist ein Zeichen, dass wir vieles, was uns lieb geworden ist, was schön ist und uns Freude macht, hergeben, loslassen, begraben müssen. *(Schwarzes Tuch ausbreiten.)*
Aber ist damit alles zu Ende? Das Samenkorn wird in die Erde gelegt, es vergeht, aber nur so kann eine neue Pflanze wachsen. Blumenzwiebeln werden in die Erde gesteckt, dann wächst etwas Anderes, Neues daraus.
Wenn jemand stirbt, dann glauben wir, dass nur das Leben hier auf der Erde zu Ende ist. Das Leben bei Gott aber beginnt. Der Tod ist wie eine Tür zu einem neuen, wunderbaren Leben bei Gott. Als Zeichen für diese Hoffnung eines Lebens nach dem Tod, lade ich einige Kinder jetzt ein, einen Kranz aus grünen Tannenzweigen um das schwarze Tuch in unserer Mitte zu legen.

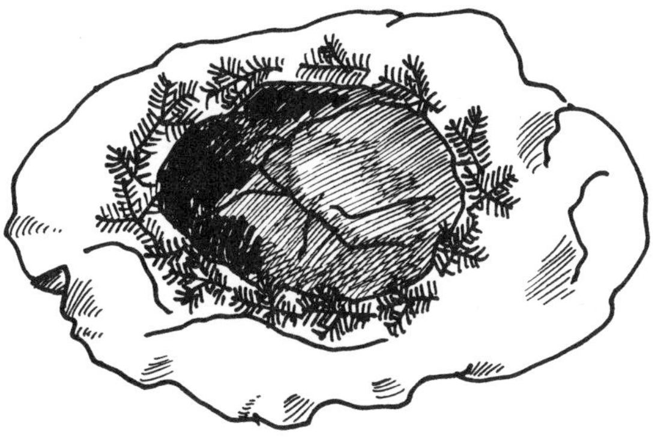

(Einige Kinder legen – unter Anleitung – Tannenzweige zum Kranz um den abgedeckten Erdhaufen herum.)
Der Kranz, den wir einem toten Menschen auf das Grab legen, will uns sagen, dass mit dem Tod das Leben nicht vorbei ist. Ein Leben wird im Sterben rund, vollendet, ganz. Es ist ein Begrüßungskranz für das neue Leben bei Gott.

Fürbitten

Herr Jesus Christus, du hast aus Liebe zu uns Menschen den Tod auf dich genommen. Du wurdest wie ein Weizenkorn in die Erde gelegt und begraben. Aber du bist auferstanden. Du lebst bei Gott und du bist mitten unter uns. Wir dürfen dir sagen, was uns bedrängt:

Wir bitten dich für diejenigen unter uns, die in diesem Monat von einem lieben Menschen Abschied nehmen mussten. Tröste die Trauernden. Stärke ihren Glauben an das Leben.
Christus, höre uns.

Alle: Christus, erhöre uns.

Wir bitten dich für die Kinder und Jugendlichen an unseren Schulen, die gewalttätig sind. Lass sie Menschen begegnen, die ihnen andere Möglichkeiten zeigen, Anerkennung und Beachtung zu finden als mit Fäusten und Fußtritten.
Christus, höre uns.

Alle: Christus, erhöre uns.

Wir bitten dich für die Ehepaare und Familien, die von Scheidung und Trennung betroffen sind. Heile die Verwundungen, die entstanden sind. Öffne ihnen neue Lebensmöglichkeiten und schenke ihnen gelingende Beziehungen.
Christus, höre uns.

Alle: Christus, erhöre uns.

Wir bitten dich für Menschen, die mit den Veränderungen in unserer Gesellschaft nicht mehr zurecht kommen. In unserem Leben müssen wir immer wieder Abschied nehmen von Traditionen und Gewohnheiten, die uns lieb geworden sind. Schenke uns allen das Vertrauen, dass du die Zeit und Geschichte in der Hand hältst und zu einem guten Ende führst.
Christus, höre uns.

Alle: Christus, erhöre uns.

Gott, unser Vater, du erhältst deine Schöpfung am Leben und erneuerst sie beständig in der Kraft deines Geistes. Du schenkst auch uns immer wieder Zeichen des Lebens nach Zeiten des Abschieds und der Trauer, in Situationen, wo wir nur Zerstörung und Vergehen sehen. Wir danken dir und preisen dich durch Christus, unsern Herrn.

Gabenbereitung

(Während der Gabenbereitung den Kindern Ähren zeigen. Die Kinder sagen, was man daraus machen kann.)

Was kann man daraus machen: Mehl, Brot.
Die Samen aus der Ähre fallen in die Erde und es werden neue Getreidehalme daraus. – »Wenn das Weizenkorn nicht in die Erde fällt ...«, sagt Jesus. – Jesus hat sein Leben so verstanden und seinen Tod. – Er schenkt sich uns auch jetzt im Brot.

(Mit den Kindern die Ähren in den Kranz aus Tannenzweigen stecken.)

Nach der Kommunion

Das Brot ist ausgeteilt. Jesus hat sich jedem von uns geschenkt. Er lebt in uns und unter uns. Wenn er uns sein Leben, das Leben, schenkt, dann leben auch wir über den Tod hinaus. Als Zeichen dieser Hoffnung dürfen die Kinder gelbe Tücher strahlenförmig um unsere Erde herumlegen. Zeichen für die Strahlen der Sonne, für das Licht der Auferstehung und für das neue Leben. Daran soll uns auch unsere (Oster-)kerze erinnern, die wir jetzt anzünden und zu unserem Bodenbild dazustellen.

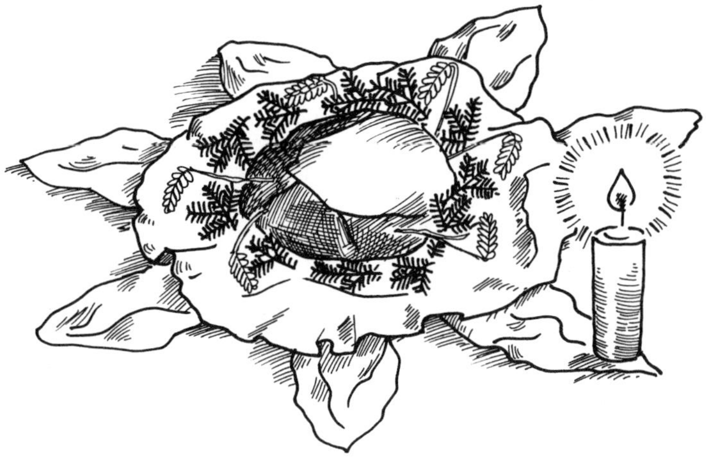

Wir sind hier zusammen

Lieder

Text und Melodie unbekannt;
Originaltitel: We are gathered here

Schau auf unsre Gaben

Text: Zappala, Musik: Mancuso

Literatur

Bilderbücher

Regine Schindler, Pele und das neue Leben. Eine Geschichte von Tod und Leben, Reihe: Religion für kleine Leute, Verlag Ernst Kaufmann, Lahr, 9. Auflage 1997

Wenche Øyen, Marit Kaldhol, Abschied von Rune, Ellermann Verlag, 9. Auflage 1997

Für Eltern und Mitarbeiter/innen

Edda Reschke, Bunter Schmetterling und schwarzer Vogel. Mit Kindern Abschied erleben, Lahn-Verlag, Limburg-Kevelaer 1999

Pernilla Stalfelt, Und was kommt dann? Das Kinderbuch vom Tod, Moritz-Verlag, 5. Auflage 2003

Dietrich Steinwede (Hrsg.), Tod und Leben – erzählen und verstehen. Kinder begleiten in Schule, Gemeinde und Familie, Gütersloher Verlagshaus 2001

Zu dir komme ich, wie ich bin

Ein Familiengottesdienst zum Bußtag mit Zollaktion und Rollenspiel (mit Abendmahlsfeier)

THOMAS CLEVER

Der Gottesdienst am Bußtag

Die Buße ist ein Thema, das auf den ersten Blick negative Gefühle auslöst. Wer in unserer Gesellschaft büßen muss, der muss für seine Fehler gerade stehen und hat im schlimmsten Fall Strafe zu erwarten. Ein Erwachsener, der Buße tut, wendet sich verschämt seinen eigenen Fehlern zu und hofft, dass sie vor dem anderen nicht zu sehr zu Tage treten. Und auch Kinder kennen das unangenehme Gefühl, wenn man Fehler gemacht hat und sie vor sich und anderen eingestehen muss.
Doch in der Bibel finden wir ein ganz anderes Bild von Buße. Jesus redet ganz anders von Umkehr. Auch im Alten Testament ist der Begriff der Buße viel positiver gemeint. Sie ist keine Anstrengung, die ich von mir aus zu leisten habe, sondern Gott macht sich auf die Suche. Buße führt nicht in die Isolation, sondern macht frei für die Gemeinschaft mit Gott und den Mitmenschen. Das zeigt die Erzählung von Zachäus. Sie ist keine dunkle oder belastende Geschichte, sondern es geht darin um ein Fest, bei dem es etwas zu feiern gibt.
Unser Staat hat den Bußtag für einen Erwerbstag geopfert. Trotzdem ist unsere »Umkehr« zu Gott weiter zu feiern. So soll dieser Gottesdienst dazu beitragen, dass Buße und Umkehr bei Kindern und Erwachsenen als etwas Heilbringendes und Schönes empfunden werden. Die Gottesdienstbesucher sollen die Freude Gottes spüren, wenn Gott einen Menschen berührt und er umkehrt.

Religionspädagogische Überlegungen

Ob als Kind oder als Erwachsener, Menschen machen im Leben immer wieder die Erfahrung, etwas falsch gemacht zu haben oder durch ihr Verhalten anderen zu schaden oder sie zu verletzen. Zwischen Eltern und Kindern entstehen Konflikte. Bei Kindern untereinander gehört Streit zum Alltag und auch in der Schule erfahren sie oft Kritik durch die Lehrer. Im Erwachsenenalter werden ähnliche Erfahrungen ebenso deutlich erlebt, wenn auch in anderen Bereichen und auf einer anderen Ebene. Fehlverhalten zieht oft unangenehme Konsequenzen, Strafe (besonders bei Kindern), Liebesentzug oder gar Beziehungsbrüche nach sich. Dies ist eine Tatsache, die Erinnerungen an eigene Verfehlungen noch einprägsamer werden lässt. Besonders bitter ist es, wenn der begangene Fehler nicht wieder rückgängig zu machen ist. Wenn wir schuldig geworden sind und es scheinbar keinen Weg zur Versöhnung mehr gibt, dann erfahren wir, dass wir uns nicht alleine freisprechen können und Schuld nicht ungeschehen zu machen ist. Wir bleiben als Menschen in Schuld verstrickt.
Diese Grunderfahrungen des Lebens prägen auch den christlichen Glauben und spielen im Glauben von Kindern und Erwachsenen eine Rolle. Nicht

selten gerät hier die Liebesbeziehung Gottes zum Menschen aus dem Blick und der Glaube wird auf moralische Werte reduziert.
Um dieses Thema kindgerecht zu bearbeiten und ein Umdenken bei Erwachsenen und Kindern zu erreichen, erscheint es mir hilfreich, einen Bibeltext mit einer Identifikationsperson zu wählen. Die Geschichte von Zachäus (Lukas 19,1-10) ist eine Geschichte, die sich dafür besonders eignet. Mit ihr lässt sich gut verdeutlichen, wie Gott mit dem schuldig gewordenen Menschen umgeht:

- Jesus sucht und findet.
- Jesus nimmt an und verzeiht.
- Jesus möchte Gemeinschaft haben.
- Jesus befähigt zur echten Umkehr, die durch die praktische Tat Gestalt annimmt.

Theologische Überlegungen

Gott schafft die Voraussetzung für Buße.

»Die Zeit ist erfüllt, das Reich Gottes ist nahe. Kehrt um und glaubt an das Evangelium!« Wie eine Programmüberschrift setzt Markus diese Worte in seinem Evangelium an den Anfang der Verkündigung und des Lebens Jesu (Markus 1,15). Dem aufmerksamen Leser fällt schon hier auf, dass die frohmachende Botschaft »Das Reich Gottes ist nahe« vor dem Appell der Umkehr kommt. Die Buße ist nicht die Voraussetzung dafür, dass sich Gott zu uns wendet, sondern gerade anders herum. Gott ist ein fleißiger Suchender (E. Jüngel), dies wird nicht nur in den Gleichnissen vom verlorenen Schaf oder verlorenen Groschen deutlich, sondern auch schon im Alten Testament, z.B. in der Geschichte des Propheten Jona. Bis hin zum Kreuzestod Jesu zeigt sich: Gott ist es, der die Gemeinschaft zwischen sich und den Menschen wieder herstellt. Dies in der Buße als ein Geschenk anzunehmen, sich Gott (neu) zuzuwenden, ist Folge dieser Heilstat. In der Bußpredigt werden Menschen herausgerufen aus den Bindungen von Schuld und Sünde, denen sie alleine hoffnungslos ausgeliefert wären, und hineingerufen in die Gemeinschaft Gottes.

Umkehr ist mehr als ein Sinneswandel.

Luther schreibt in seinen 95 Thesen zu Wittenberg: »Da unser Herr und Meister Jesus Christus spricht: ‚Tut Buße!', hat er gewollt, dass das ganze Leben der Gläubigen Buße sein soll.« Damit wird schon deutlich, dass Buße immer in zwei Richtungen geschieht: **Sinneswandel**, so wie das neutestamentliche *»metaneua«* zu übersetzen ist, und **praktische Lebensumkehr**, wie Buße vor allem in der Lateinischen Bibel (Septuaginta) mit *»epistrepho«* bezeichnet wird. Dass der Mensch bei der Umkehr einen neuen Blick für die Liebe Gottes in seinem Leben bekommt, und dass dieser Sinneswandel praktische Konsequenzen im Leben hat, sind zwei Seiten der gleichen Sache.
Nur wenn die Umkehr zu Jesus *»Geschichte wird«* (Bonhoeffer), d.h. in die Tat umgesetzt wird, findet ein echter Bruch mit dem alten, bisherigen Leben statt. Gott ruft Menschen aus alten Bindungen heraus. Wer diesen Ruf hört und dann auch praktisch vollzieht, erlebt ein neues Lebensgefühl und echte Freiheit.

Umkehr als ein Ereignis der Versöhnung

Weil Sünde ein Beziehungsbegriff ist und nicht rein moralisch verstanden werden darf, ist auch die Buße ein Ereignis, das sich durch Veränderung von Beziehungen ereignet und auswirkt. Echte Umkehr bedeutet darum Versöhnung mit sich selbst, mit dem anderen und mit Gott. Gott schafft durch Jesus die Voraussetzung dazu und bietet uns Gemeinschaft an. Besondere Bedeutung kommt dabei der Tischgemeinschaft zu, die Jesus im Neuen Testament gerade mit Sündern gepflegt hat und die wir noch heute beim Abendmahl praktisch erfahren.

Umkehr zu Gott ist Freude.

Die Umkehr aus der Verlorenheit und Gottesferne ist nicht Qual und Angst, sondern über ihr steht Gottes Freude. Dies wird vor allem in den Gleichnissen der Evangelien deutlich. So feiert der liebende Vater im Gleichnis des verlorenen Sohnes ebenso ein Fest, wie der glückliche Finder beim Gleichnis des verlorenen Groschens und des verlorenen Schafs. So heißt es in Lukas 10,15: » So sage ich euch, wird Freude sein vor den Engeln Gottes über einen Sünder, der Buße tut.«

Material- und Checkliste

Vorbereitungen

Überlegungen zur Gestaltung

Der Bußtag ist ein Arbeitstag. Es ist zu überlegen, ob zu einem Abendgottesdienst eingeladen wird, ob mit einer Schule am Vormittag ein Gottesdienst gehalten wird oder ob der darauf folgende Sonntag als »Bußtag« gefeiert wird.
Der Gottesdienst zum Bußtag stellt die Geschichte von Zachäus in den Mittelpunkt. In den Liedern, Gebeten, im Rollenspiel und in den Aktionen soll verdeutlicht werden, wie Umkehr verwandelt. Der Vorschlag, gemeinsam ein Abendmahl zu feiern, kann je nach Gemeinde entschieden werden.
In katholischen Gemeinden kann der Gottesdienst in ähnlicher Weise zu einem anderen passenden Anlass gefeiert werden, z.B. in der österlichen Bußzeit (Fastenzeit).

Am Eingang

— Zollstation aufbauen: Tische, rotes Band als Schranke, Schild mit der Aufschrift »Zoll, bitte einen Gegenstand als Zoll abgeben«.
— Zum Verwahren: Tische oder Regale, nummerierte Tüten, Nummern zum Ausgeben, Goldtaler als »Rückgeld«.

Für den Gottesdienstraum

— Blumenschmuck für den Altar
— bunte Bänder und grüne Zweige zum Schmücken der Bänke
— Tesakrepp zum Befestigen

Für den Gottesdienst

— ein Liedblatt mit den Liedern und dem Psalmgebet

Für das Anspiel

— ein Baum (kann z.B. auch eine große Pflanze sein) und eine Trittleiter
— eventuell das Haus des Zachäus als Kulisse
— ein Tisch
— Geld und Kasse
— verschiedene »Zollgegenstände« von der Zollstation am Eingang (z.B. eine Uhr und eine Kette)

— Tücher oder Überhänge für die Spieler
— ein Sack Kartoffeln
— ein zusammengerollter Teppich

Für die Feier

— einen Krug mit Traubensaft und zwei oder drei Becher
— einen Korb mit Brotstücken

Für die Begegnung nach dem Gottesdienst

— evtl. eine einfache Suppe für alle
— Basteltische für Geldbörse (s. Seite 109f)
— Maltische
— Bausatz für das »Fernsehgerät« (s. Seite 111f)

Für die Einladungen

— Handzettel, die in den Schulen verteilt werden.
— Eine Einladung im Gemeindebrief und in der örtlichen Presse

Gottesdienstablauf

Eingangsaktion: Zollstation (s. rechte Seite)
Musik zur Eröffnung (Orgel oder Band)
Begrüßung und Hinführung (s. rechte Seite)
Lied: »Der Gottesdienst soll fröhlich sein« (EG 169; KG 187; LJ 114) oder
»Nun jauchzt dem Herren, alle Welt« (GL 474)
Psalmgebet (s. Seite 102)
Eingangsgebet (s. rechte Seite)
Lied: »Hast du schon gehört?« (s. Seite 108)
Anspiel: Zachäus begegnet Jesus (s. Seite 103)
Lied: »Hast du schon gehört« (s. Seite 108)
Aktion: Kirche schmücken (s. Seite 106)
Kurzpredigt (s. Seite 106)
Abendmahlfeier (s. Seite 107)
Lied: »Gottes Liebe ist wie die Sonne« (KG 153; LJ 539)
oder: »Gottes Liebe ist so wunderbar« (KG 146; SL 151)
Fürbittengebet (s. Seite 102)
Vaterunser
Segen
Lied: »Immer und überall« (s. Seite 109)
Zollabfertigung
(Ausgabe aller Gegenstände, die eingangs als »Zoll« einbehalten wurden.)

■ Bausteine

Aktion am Kircheneingang

Am Eingang zur Kirche ist eine Zollstation mit Schranke aufgebaut. Vor Beginn des Gottesdienstes steht Zachäus dort und kassiert Zollabgaben. Die Zollabgaben (z.B. Uhren, Schmuck, Geld, Geldbörse, Schal, Regenschirm) werden mit Nummern versehen. Kleine Gegenstände kommen in nummerierte Tüten. Die Gottesdienstbesucher erhalten eine Quittung mit der entsprechenden Nummer für ihre Zollabgabe und gehen durch die Schranke. Nach dem Gottesdienst sind am Ausgang Tische aufgebaut, die mit Nummernblöcken beschildert sind (z.B. 1–20, 20–40 etc.). Hier können die Gottesdienstbesucher mit Hilfe ihrer Quittung ihre Gegenstände wieder abholen. Außerdem bekommen sie noch ein paar Goldtaler (aus Schokolade) dazu – mit freundlichen Grüßen von Zachäus.

Begrüßung und Hinführung

Herzlich willkommen zu diesem Familiengottesdienst! Heute feiern wir den Bußtag. **Buße und feiern**. Passt das eigentlich zusammen? Ist Buße nicht Umkehr von verkehrten Wegen, eine mühsame Kehrtwendung oder wie eine kleinlaute Rückkehr nach einer Niederlage?
Und manch einer denkt da vielleicht: Oh, wenn es um meine Fehler geht, dann wird es ernst, dann wird es unangenehm für mich!
Es geht wirklich darum, dass wir umkehren, wenn wir uns von Gott entfernt haben. Aber wenn Menschen zu Gott zurückkehren, dann ist das wie ein großes Fest und Gott freut sich von Herzen! Darum feiern wir heute diesen Gottesdienst im Namen des Vaters, des Sohnes und des Heiligen Geistes.

Gebete

Eingangsgebet

Kehr um, sonst bleibt alles beim Alten.
Kehr um, sonst ändert sich nichts.
Kehr um, sonst entfernst du dich von dir.
Kehr um, sonst siehst du alles von der falschen Seite!
Kehr um, sonst bleibt es dunkel – um dich und in dir.
Kehr um, sonst siehst du das Licht nicht!
Kehr um, sonst bleibt dir Gott verborgen!
Kehr um – und Gott blickt dich an mit seinen liebevollen Augen.
Kommt, lass uns anbeten.

(Quelle unbekannt)

▷▷▷

Psalmgebet (nach Psalm 121)

Gott behütet mich.
Er behütet mich auf allen Wegen,
heute und immer.

Manchmal schaue ich hin und her und frage:
»Will mir denn keiner helfen?«
Dann fällt mir ein, dass Gott bei mir ist.
Gott, der Himmel und Erde gemacht hat.

Gott behütet mich.
Er behütet mich auf allen Wegen,
heute und immer.

Gott schläft nicht.
Er führt meine Füße bei jedem Schritt.
Er ist bei mir wie mein Schatten,
und leitet meine Hand.
Tag und Nacht steht er mir bei.

Gott behütet mich.
Er behütet mich auf allen Wegen,
heute und immer.

Gottfried Mohr, aus: J. Koerver, G. Mohr, A. Weidle, Sagt Gott, wie wunderbar er ist, Verlag Junge Gemeinde, Leinfelden-Echterdingen, 2. Auflage 1995

Fürbittengebet

Wir bitten dich, Gott, begleite uns.
Wenn wir fallen oder vom rechten Weg abkommen,
dann hilf du uns, aufzustehen und umzukehren.

Wenn wir Angst haben, unsere Fehler einzugestehen,
dann gib uns deinen Geist der Liebe ins Herz.
Er erinnere uns daran, dass du unser Vater bist,
der uns annimmt, wie wir sind, und uns verzeiht.

Wenn wir mutlos sind,
weil wir immer wieder dieselben Schwächen an uns feststellen,
weil wir uns nicht liebenswert vorkommen oder an uns selbst verzweifeln,
dann gib uns deinen Geist der Liebe ins Herz.
Er erinnere uns daran, dass du uns deinen Sohn geschenkt hast,
der uns mit seinem Tod am Kreuz gezeigt hat,
wie groß deine Liebe zu uns ist.

Du bist barmherzig und gütig.
Du bist die Hoffung, die uns zur Umkehr fähig macht.
Du bist die Liebe, die uns ehrlich mit unserem Versagen umgehen lässt.
Vergib uns unsere Schuld.
Lass uns gnädig sein mit der Schuld anderer.
Schenke uns die Freude des Festes mit dir.

(Peter Hitzelberger)

Zachäus – ein Mensch wird froh

Anspiel

Rolleneinteilung:
Beim Anspiel gibt es »Statistenrollen«, die von einigen Gottesdienstbesuchern übernommen werden können. Da jeder Gottesdienstbesucher eine Quittung mit einer Nummer besitzt, ist es ein Leichtes, diese Statisten zu engagieren. Es werden einfach die entsprechenden Nummern aufgerufen.

Zu verteilende Rollen:
Zachäus, Kartoffelhändler, Teppichhändler, Jesus,
Statisten (Gottesdienstbesucher)

Requisiten:
Zollstation, Teppich, Sack mit Kartoffeln, Haus von Zachäus, Baum für Zachäus

(Zachäus sitzt vor seinem Haus am Tisch, zählt sein Geld und schaut sich seine Zollgegenstände an.)

Zachäus: Na, der Vormittag hat sich ja gelohnt! Die Leute hatten zwar nicht so viel zu verzollen, aber die Masse an Leuten macht es.
(Er reibt sich die Hände, zählt Geld, sortiert die Zollgegenstände.)
Ich weiß gar nicht, warum heute so viele Leute in die Stadt kommen. Sonst ist doch an einem solchen Tag gar nicht viel los. Ob sich da irgendetwas anbahnt? Aber mit mir redet ja keiner mehr als eben nötig. Interessieren würde mich das ja schon, was die Leute alle in die Stadt treibt. Ach egal, Hauptsache ich habe daran verdient!
Man schau sich das mal an: Was für eine schöne Uhr *(hält eine Uhr hoch und dann eine Kette)* und hier diese Kette, die bringt auf dem Basar bestimmt eine Menge ein. Und das Beste daran ist: Kein Römer weiß, dass ich eigentlich viel mehr verlange, als in der Zollabgabenverordnung steht. Tja, da bleibt einiges für mich übrig.
(Er wird etwas nachdenklich.)
Na ja, wenn ich ehrlich bin: Manchmal habe ich schon ein schlechtes Gewissen. Erst recht, wenn sie mir diese verächtlichen Blicke zuwerfen. Aber jetzt ist es eh zu spät. Als Freund will mich sowieso niemand mehr. Und wenn ich schon keine Freunde habe, dann muss ich halt sehen, wie ich mir auf andere Weise mein Leben verschönere. Morgen gehe ich mal wieder richtig groß einkaufen.
(Schaut auf die Uhr) Oh, die Mittagspause ist ja schon vorbei. Ich muss schnell wieder in meine Zollstation.
(Zachäus geht in sein Zollhäuschen. Ein Kartoffel- und ein Teppichhändler kommen.)

Kartoffelhändler: Ich bin gespannt, wieviel ich heute zahlen muss. Ich habe den Eindruck, von Woche zu Woche beutet der uns mehr aus an seiner Zollstation.

Teppichhändler Ja, und weißt du, was der Obergipfel ist? Wenn du genau hinschaust, dann siehst du, wie er einen Teil des Geldes in seine eigene Tasche steckt.

Kartoffelhändler: Was ist das nur für ein Mann? Nicht nur, dass er gemeinsame Sache mit den Römern macht und für sie den Zoll eintreibt. Er wirtschaftet auch noch in seine eigene Tasche!

Teppichhändler: Sei leise! Wenn Zachäus merkt, dass wir schlecht über ihn reden, knöpft er uns noch mehr ab.

(Der Teppich- und der Kartoffelhändler kommen an der Zollstation an.)

Zachäus: Na, wen haben wir denn da? Endlich mal jemand, der etwas Vernünftiges zu verzollen hat und nicht nur Tourist ist.
Was habt ihr denn da?
(Er geht zum Kartoffelhändler und wühlt in den Kartoffeln, einige fallen heraus.)
Da können ja sehr gut andere Waren versteckt werden. Da muss ich schon gründlich nachschauen. Aber du scheinst wirklich nichts Unerlaubtes bei dir zu haben.

Kartoffelhändler: *(genervt)* Was muss ich zahlen?

Zachäus: 15 Drachmen!

Kartoffelhändler: *(verbissen)* Bitte sehr!

(Zachäus legt das Geld in die Kasse und steckt sich einen Teil in die eigene Tasche. Der Kartoffelhändler sammelt seine Kartoffeln wieder ein und wartet auf den Teppichhändler.)

Zachäus: Was ist denn das? Bitte rollen Sie den Teppich ganz auseinander.

Teppichhändler: Das musste ich noch nie machen. Was soll das?

Zachäus: Ein ganz schön edler Teppich. Das macht 22 Drachmen.

(Der Teppichhändler brummelt vor sich hin, zahlt und geht zum Kartoffelhändler. Zachäus geht an seinen Platz zurück.)

Zachäus: Ach ja, ihr da, kommt doch noch mal her!

Teppichhändler: Was denn, haben wir denn nicht schon genug bezahlt?

Zachäus: Doch, doch, das ist schon in Ordnung. Aber könnt ihr mir sagen, was heute in der Stadt los ist? Es wimmelt ja nur so von Leuten.

Kartoffelhändler: Ach, nichts für dich! Jesus von Nazaret kommt in die Stadt.

Zachäus: Jesus von Nazaret? Ist das der, der Blinde sehend gemacht hat, und von dem man sagt, er hätte Lahme wieder gesund gemacht? Der von Gott redet und den alle verstehen?

Teppichhändler: Ja, genau der. Aber du musst ja eh Dienst schieben ...

Kartoffelhändler: *(fügt höhnisch hinzu)* ... im Auftrag seiner Majestät des Kaisers.

Zachäus: *(zu sich selbst)* Jesus von Nazaret? Das ist also der Grund, warum heute in der Stadt so viel los ist. Den würde ich ja auch mal gerne erleben. Neulich hat er für Aufruhr gesorgt, als er meinen Kollegen, den Levi, zu seinem Jünger gemacht hat. Levi hat alles stehen und liegen lassen und ist mitgegangen, als Jesus ihn gerufen hat. Wenn ich mir das so überlege ..., den muss ich mir ansehen. Morgen suche ich mir Vertretung und gehe hin. Und jetzt mache ich Feierabend!

Ein/e Mitarbeiter/in:

(spricht zur Gemeinde) Gleich kommt Jesus zu uns in die Stadt. Damit es auch so richtig eine Menschenversammlung gibt, brauchen wir jetzt ein paar Statisten. Ich schlage vor, dass sich alle, auf deren Zollquittung eine Zahl zwischen 15 und 35 steht, dem Darsteller anschließen, der als Jesus durch die Mittelreihe nach vorne kommt. In der Zwischenzeit singen wir das Lied »Hast du schon gehört?«.
(s. Seite 108)

(Jesus kommt durch den Mittelgang nach vorne. Die entsprechenden Gottesdienstbesucher schließen sich ihm an. Der Teppich- und der Kartoffelhändler sind auch dabei, außerdem einige Mitarbeiter/innen, die das Spiel koordinieren und einzelne Texte aus der Menge sprechen. – Nach einiger Zeit kommt Zachäus hinzu.)

Zachäus: Oh, sind hier schon viele Menschen! Und die wollen alle Jesus sehen! Ich gehe auch weiter nach vorne, damit ich Jesus sehen kann. *(Er drängelt sich durch die Menschenmenge.)*

Zachäus: *(redet laut)* Jetzt bin ich schon fast vorne, aber Jesus sehe ich immer noch nicht. Wenn ich doch bloß nicht so klein wäre. Ich weiß, was ich mache! Ich nehme diese Leiter hier und steige auf den Baum da vorne.

(An der Seite lehnt eine Trittleiter. Zachäus holt sie sich und steigt hoch. Vielleicht kann man sie z.B. zwischen die Zweige einer großen Pflanze schieben, die etwas abseits von der Menschenmenge aufgestellt ist. – Jesus geht ein Stück weiter. Die Menschen, die mit Jesus gehen, rufen laut:)

1. Mitarbeiter/in: Meister, mein Kind ist krank! Hilf mir!

2. Mitarbeiter/in: Jesus, wirst du uns von den Römern befreien?

3. Mitarbeiter/in: Jesus, mach', dass ich wieder gesund werde. Ich bin fast blind.

(Jesus wendet sich den rufenden Menschen zu und spricht leise mit ihnen, geht aber beständig ein Stück weiter. Unter dem Baum bleibt er stehen.)

Jesus: Zachäus, komm schnell herunter! Ich will heute zu dir kommen.

Zachäus: Zu mir willst du kommen? Das darf doch nicht wahr sein! Du kennst mich doch nicht! Wenn du wüsstest, wer ich

	bin und womit ich mein Geld verdiene, du würdest mich genau so verachten wie die anderen hier!
Jesus:	Doch, Zachäus, ich kenne dich. Und heute möchte ich in dein Haus einkehren.
	(Zachäus geht mit Jesus in sein Haus. Die Statisten gehen und setzen sich an ihre Plätze zurück. Nur der Teppichhändler und der Kartoffelhändler stehen noch da.)
Kartoffelhändler:	Das ist doch dieser Zöllner von gestern!
Teppichhändler:	Warum kümmert sich Jesus um den?
	(Der Kartoffel- und der Teppichhändler schütteln ihre Köpfe. Kurze Zeit später kommt Zachäus wieder heraus und ruft:)
Zachäus:	Leute, stellt euch vor, Jesus ist bei mir zu Hause. Und er will mein Freund sein. Jetzt wird sich mein Leben ändern. Ich will alles zurückgeben, was ich euch zu viel abgenommen habe. Und ab jetzt will ich ehrlich sein. Leute, stellt euch das vor, Jesus ist mein Freund! Das muss gefeiert werden. Kommt, lasst uns singen und fröhlich sein. Auch du, der Kartoffelhändler, und du, der Teppichhändler, kommt und feiert mit mir!
Erzähler:	Stellt euch vor, der Kartoffel- und der Teppichhändler gehen mit ins Haus des Zachäus. Das hätten sie sich gestern noch nicht träumen lassen! Nun beginnt das Fest und auch wir sind eingeladen!
	(Von einer Band, von der Orgel oder von einer CD wird festliche Musik eingespielt. Währenddessen schmücken Mitarbeiter/innen die Kirche und fordern Gottesdienstbesucher auf, mitzumachen.)

Aktion Kirche schmücken

Ein/e Mitarbeiter/in:
Zum Abschluss des Anspiels soll das, was nun folgt, gezeigt werden: das Fest, das beginnt. Dazu wird die Kirche festlich geschmückt. Blumen werden gebracht, Girlanden und grüne Zweige werden aufgehängt.
Mitarbeiter/innen gehen durch die Reihen und kleben die Zweige und Girlanden mit Kreppband an die äußeren Seiten der Kirchenbank. Während der Aktion spielt die Orgel oder eine Band oder Musik läuft von einer CD.

Impulse zur Predigt

Die Kinder sollten nach Möglichkeit in die kurze Ansprache einbezogen werden. Ausgehend von der biblischen Geschichte wird an konkreten Beispielen der Sinn von Buße und Umkehr erläutert. Durch entsprechende Impulsfragen kann man dies mit den Kindern nochmals aus dem Anspiel sammeln.

Der Grundgedanke lautet: Jesus will Gemeinschaft mit uns.
1. Jesus sucht besonders die Menschen, die fern von ihm sind.
2. Jesus nimmt weg, was der Gemeinschaft im Wege steht (Schuld, Versagen, Gemeinheit).
3. Wenn Menschen »Ja« zu dieser Gemeinschaft sagen, zeigt dies Wirkung. Sie beginnen sich zu verändern. Freude kehrt ein. Das Leben wird ein Fest. Dieses Fest wird z.B. beim Abendmahl spürbar.
4. Überleitung zum Abendmahl.

Abendmahl feiern

(Um das Freudenfest und die Gemeinschaft mit Jesus und untereinander erfahrbar zu machen, bietet es sich an, zusammen das Abendmahl zu feiern. Die Einleitung knüpft an die biblische Erzählung an.)

Einleitung

Jesus möchte mit uns Gemeinschaft haben und mit uns Brot und Wein teilen. Für Zachäus war es etwas ganz Großes, als er zusammen mit Jesus am Tisch saß und mit ihm gegessen hat. Er hat gespürt: Jesus möchte mir ganz nah sein. Damit wir das in diesem Gottesdienst auch ganz praktisch erleben können, lade ich Sie und euch ein, einen großen Kreis zu bilden. Wir wollen dann zusammen das Brot essen, aus dem Kelch trinken und dabei fest daran denken, dass Jesus mitten unter uns ist. Er möchte Gemeinschaft mit uns haben.

Lied: »Wo zwei oder drei in meinem Namen versammelt sind« (KG 182; LJ 470; SL 180)

(Das Lied wird einige Male wiederholt. Während dessen stellen sich alle Gottesdienstbesucher in einem großen Kreis auf, der sich – je nach den örtlichen Gegebenheiten – durch den ganzen Kirchraum erstrecken kann.)

Schuldbekenntnis

Jesus, du bist bei uns.
Darüber freuen wir uns.
Wenn du bei uns bist, tut es uns gut.
Deshalb bitten wir dich:
Nimm uns so an, wie wir sind,
mit unseren großen und kleinen Fehlern und Schwächen.
Nimm alles weg, was zwischen uns steht:
Ärger, Streit, Gedankenlosigkeit und Bosheit.
Wir danken dir, dass du uns vergibst.
Mach uns bereit, auch anderen zu vergeben.

Nach: Gottfried Mohr/Andreas Weidle, Hrsg., Komm wir feiern ... Eine Hinführung zum Abendmahl – vor allem für Kinder, Verlag Der Jugendfreund, Leinfelden-Echterdingen, 1999, Seite 38

Einsetzungsworte

Der Herr Jesus, in der Nacht, da er verraten ward und mit seinen Jüngern zu Tische saß, nahm das Brot, sagte Dank und brach's, gab's seinen Jüngern und sprach: »Nehmet hin und esset; das ist mein Leib, der für euch hingegeben wird. Das tut zu meinem Gedächtnis.«
Desgleichen nach dem Mahl nahm er den Kelch, sagte Dank, gab ihnen den und sprach: »Trinket alle daraus; das ist mein Blut des Neuen Bundes, das für euch und für viele vergossen wird zur Vergebung der Sünden. Das tut zu meinem Gedächtnis.«

Aus: Lutz Geiger/Gottfried Mohr, Hrsg., Bei dir bin ich zu Hause. Texte für die Liturgie im Gottesdienst mit Kindern, Verlag Junge Gemeinde, Leinfelden-Echterdingen, 2001, Nr. 54

Austeilung
Lasst uns nun miteinander essen und trinken. Wir wollen dabei daran denken, dass Jesus Christus mitten unter uns ist und mit uns Gemeinschaft hat.
(Brot und Saft werden weitergereicht.)

Zusspruch
Christus spricht: Heute will ich in deinem Hause einkehren.
Gehet hin im Frieden des Herrn. Amen.

Dankgebet

Liturg: Lobe den Herrn, meine Seele.

Alle: Und vergiss nicht, was er dir Gutes getan hat.

Liturg: Lobe den Herrn, meine Seele.

Alle: Der dir alle Schuld vergibt.
Der dein Leben heil macht.
Der dich neu auf den Weg stellt.

Liturg: Lobe den Herrn, meine Seele.

Lieder

Hast du schon gehört

Text und Melodie: Birgit Dörnen

Immer und überall

Text und Musik: Daniel Kallauch

Weitere Ideen

Festessen mit Zachäus

Im Anschluss an den Gottesdienst ist es sinnvoll, ein Gemeindeessen anzubieten, um das Fest noch weiterzuführen. Dabei kann Zachäus noch einmal in Aktion treten, indem er z.B. eine Tischrede hält.

(Erfahrungsgemäß sind die Kinder beim Essen meist schneller fertig als die Erwachsenen. Die folgenden Bastelideen greifen die Zachäusgeschichte nochmals auf und können dann von Mitarbeiter/innen mit den Kindern durchgeführt werden.)

Eine Geldbörse für Zachäus basteln

Material: Karton für die Herstellung der Schablone
Kunstlederstoff
fester Faden oder schmales Lederband
ein Druckknopf
Schere
Nadel
Lochzange

Anleitung (Abb. s. S. 110):
Von der Kopiervorlage eine Schablone fertigen und auf die Rückseite des Kunstlederstoffs übertragen. Den Stoff ausschneiden und die Innenseiten so gegeneinander legen, dass die unteren Rundungen genau miteinander abschließen. Mit der Lochzange rundherum etwa ½ cm vom Rand entfernt in ca. 1 cm Abstand Löcher knipsen (s. Markierungen in der Kopiervorlage).

Dann durch die Löcher einen festen Faden oder ein schmales Lederband ziehen. Wer geschickter ist, kann die Kunstlederteile auch ohne Lochungen mit Nadel und Faden zusammennähen.
An den markierten Stellen der Kopiervorlage wird ein Druckknopf aufgenäht. Die überstehende Lasche wird umgeschlagen (kurz anbügeln). Der Knopf müsste von Mitarbeiter/innen schon vorher angenäht werden (für die Kinder zu schwierig). Statt des Druckknopfes kann man an den markierten Stellen auch einfach ein Loch machen und einen Faden oder ein Lederbändchen durchziehen, um die Tasche zu verschließen.

(Thomas Clever)

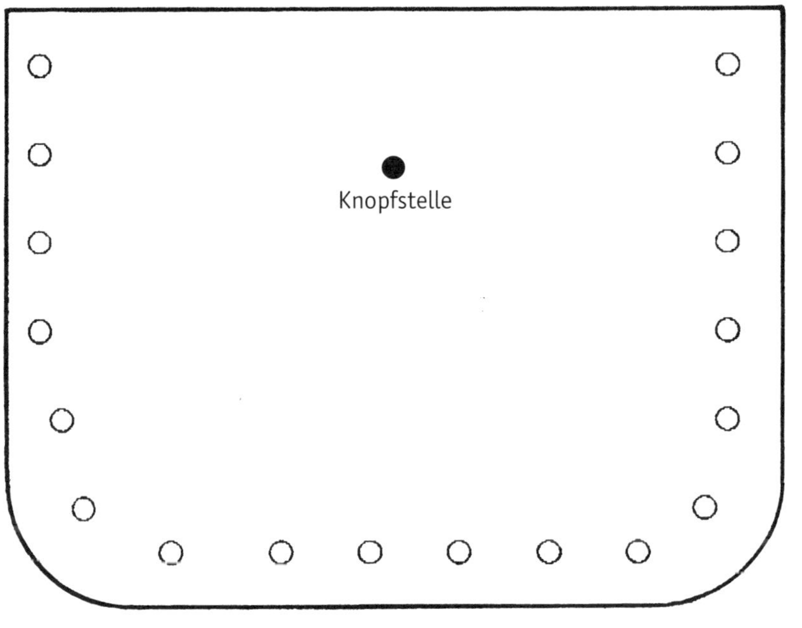

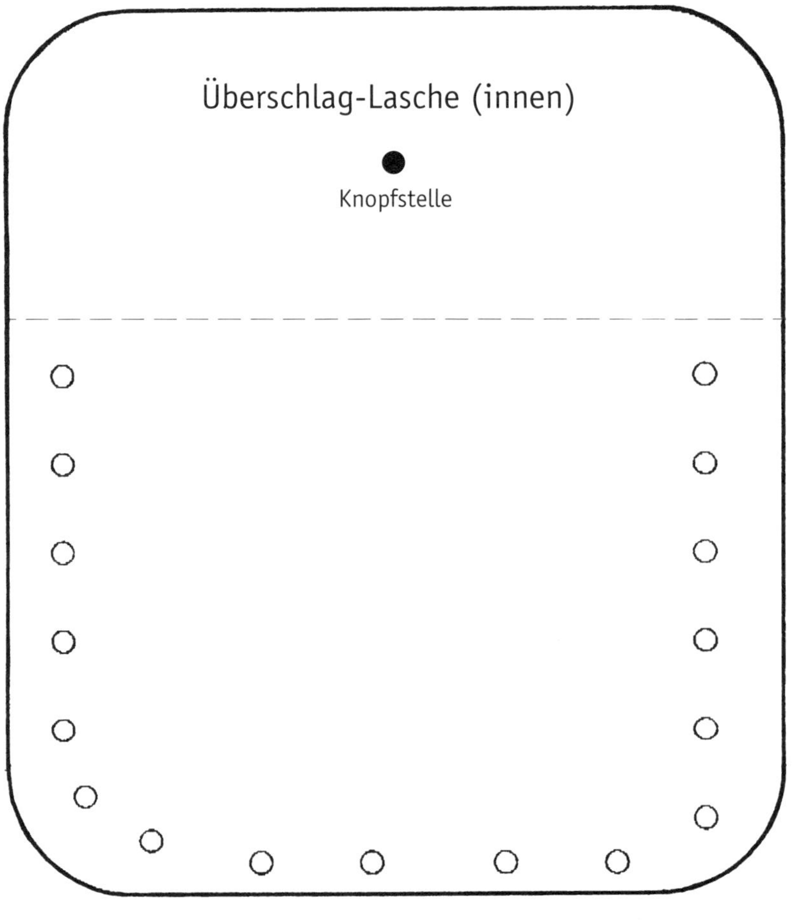

Einen Fernseher basteln

Die Geschichte kann von den Kindern auch nochmals in drei bis fünf kleinen Szenenbildern auf Papier gemalt werden (Größe: siehe Vorlage für einen Bildstreifen S. 112).
Dazu kann sich dann entsprechend der Kopiervorlage unten jedes Kind seinen eigenen Fernseher basteln. Vorlage auf Karton (z.B. Tonpapier) kopieren und entlang der äußeren kräftigeren Linien ausschneiden. Danach ist der »Bildschirm« in der Mitte sowie die beiden schmalen Streifen in den Seitenteilen (zum Durchschieben des Bildstreifens) auszuschneiden. An den dünneren Linien werden die einzelnen Teile nach hinten geknickt und an den Laschen zusammengeklebt. Fertig ist der Fernseher.

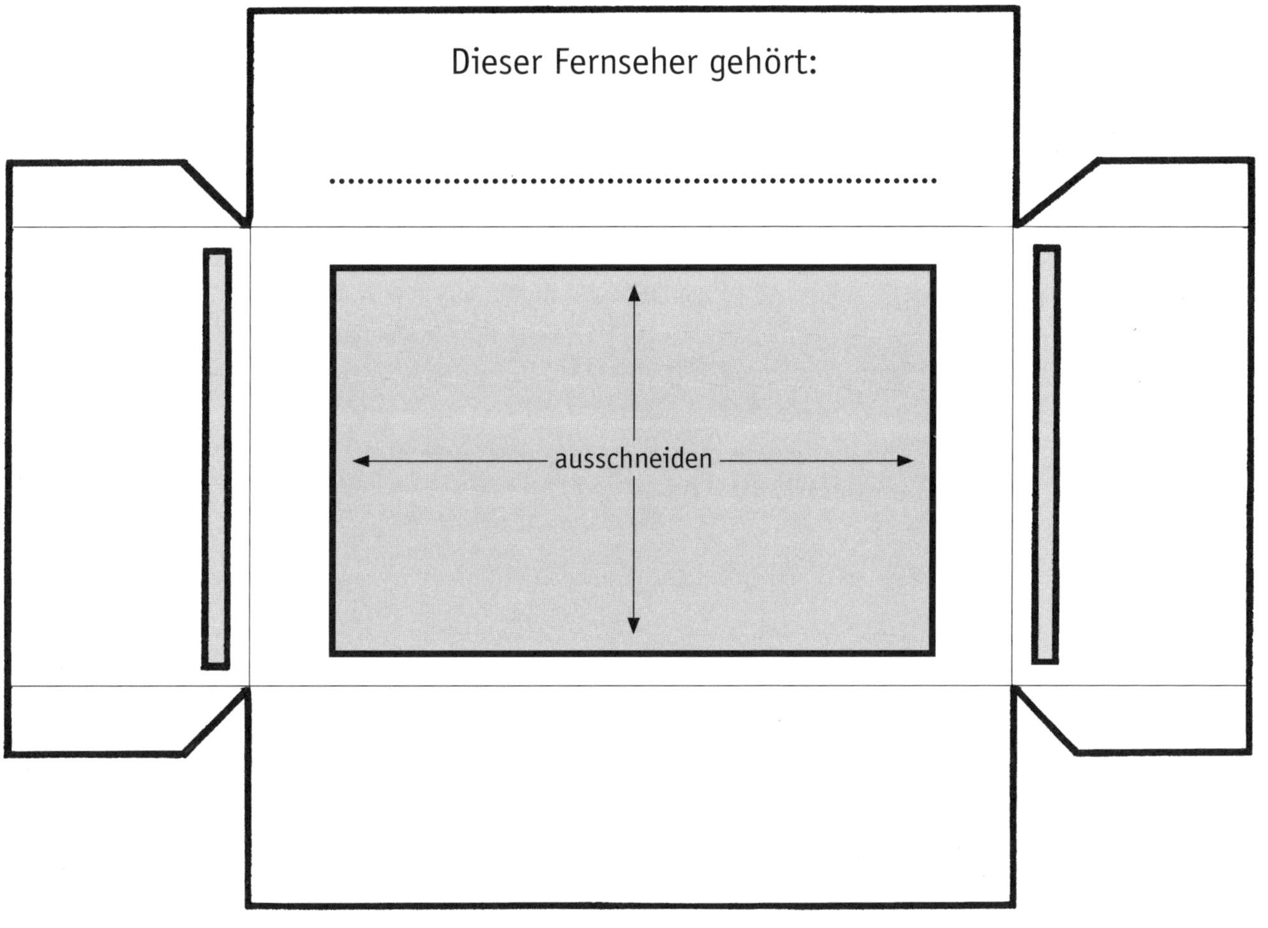

Kopiervorlage für den Bildstreifen siehe nächste Seite ▷

Größenmuster und Kopiervorlage für den Bildstreifen. Die einzelnen Bildrahmen entsprechen dem »Bildschirm« des Fernsehers (S. 111). Nach Belieben können weitere Bildstreifen angehängt werden.

Literatur

Werner Kuchar/Gerhard Schleier, Zeit für Kinder 2. Fundgrube für Kindergottesdienste, Verlag Junge Gemeinde, Leinfelden-Echterdingen 2002, S. 50 ff.

Erhard Donay (Hrsg.), Gottesdienst Praxis / Serie B. Volkstrauertag, Buß- und Bettag / Ewigkeitssonntag, Gütersloher Verlagshaus, Gütersloh 2000

Michael Wernke (Hrsg.), Den Buß- und Bettag gestalten I+II, Religionspädagogisches Institut Loccum, Stolzenau 1999

Andrea Moritz (Hrsg.), Mit Kindern Gottesdienst feiern, Edition Sonnenweg im Aussaat Verlag, Neukirchen-Vluyn 2002

Arbeitshilfe: Abendmahl mit Kindern, Herausgegeben von der Evangelischen Landeskirche in Württemberg

Lutz Geiger/Gottfried Mohr, Hrsg., Bei dir bin ich zu Hause. Texte für die Liturgie im Gottesdienst mit Kindern, Verlag Junge Gemeinde, Leinfelden-Echterdingen 2001

Gottfried Mohr/Andreas Weidle (Hrsg.), Komm wir feiern ... Eine Hinführung zum Abendmahl – vor allem für Kinder, Verlag Der Jugendfreund, Leinfelden-Echterdingen 1999